al=Kitaab Supplement
An Addendum: Arabic Grammar & Dialogues

ملحق الكتاب

Second Edition

AHMED SOUAIAIA

University of Washington

AL-KITAAB SUPPLEMENT

An Addendum: Arabic Grammar & Conversations

Second Edition

Dr. Ahmed E. Souaiaia
University of Washington, Seattle

Dedication

to my students

TABLE OF CONTENT

INTRODUCTION

For the past couple of years, and after we have made the transition from using a textbook that is strongly focused on grammar (MSA), (aka the Orange Book), to using a recent textbook *al-Kitaab*, (aka the Red Book) that is developed with the principles and goals of the ACTFL standards in mind, there were clear signs of students and instructors frustrations as they approach the Arabic language. The old textbook was developed with the interests of the academic community as its primary concern; hence, there was strong emphasis on the grammar and on the particulars of the Arabic language as a written medium. In spite of this reality, the organization of the chapters was very creative and ambitious given the restraints of the teaching philosophy at that time: the language was not actually taught as a dead one; rather, the attempt to make it sound and feel like a live language was expressed in every chapter through the dialogues that were aimed at practicing the new vocabulary while reinforcing the grammatical specifications of the language. In spite of that, students who exclusively used that textbook and adopted its philosophy exhibited a noticeable lack of communicative skills as compared to other students who were using the newly developed textbook. In contrast with that, advanced students who used the MSA textbook had a more sophisticated grammar and a better understanding of the Arabic syntax then those who exclusively used *al-Kitaab* and relied solely on the philosophy promoted by its authors.

The debates focused mostly on whether to teach the Arabic grammar or not, *al-Kitaab*'s authors argued against "lectures" on the Arabic grammar and advised that students are allowed to discover the rules on their own as they are more and more exposed to authentic texts. They further argued that, in today's proficiency guided teaching, grammar is not important especially in the case of Arabic since the Arabs do not speak Modern Standard Arabic; rather, they speak various dialects.

I personally found these arguments—on both sides—weak, and not convincing enough to the point of allowing instructors to highjack the teaching methodology and philosophy one way or the other. A compromise between the two positions seems to me to be the most sensible venue that would help both: the instructors and the students.

First of all, regarding the argument that the Arabs do not "converse in MSA"; I would respectfully disagree and argue that MSA is the conversational language of any formal situation especially in the media. Interviews on the radios and TV channels are carried in Modern Standard Arabic, interviews of officials are mostly conducted in MSA, news anchors broadcast exclusively in MSA, and when two Arabs from two different countries that have different dialects converse, they tend to use a "third or middle language" which is closer to MSA than to any of the dialects. So in short, dialogues in MSA are not "non-existent", MSA is used and heard daily in various contexts.

The other major problem with *al-Kitaab* is the sense of carelessness when it comes to case endings. Again the authors justify that, in their preface and during some discussions, that native speakers of Arabic do not use case endings. Again, this argument is confusing the conversational compromise-dialect that people use daily, with the formal MSA that is used as the official language. It is true that dialects do not reflect the usual MSA grammatical case-endings, but MSA once used, it is used properly, and many Arab intellectuals take exception with those who are careless with the grammar. A news anchor for instance cannot read the news or announce an event in some language that did not obey the grammatical rules. *Qaabala al-ra'eesu al-mudarriseen* cannot be read as *qaabal al-Ra'ees al-mudarrisoon*, because—besides the damage to the flow of speech—the meaning will be changed. If the basic grammar is not explained to students early on, they will not have control of the language, and Arabic would appear to them as a language that is not structured, unpredictable, and ungoverned by rules. With this kind of attitude, students tend to loose focus, unexplained rules distract students from learning.

We are not advocating teaching grammar to the point where it becomes an inhibitor of learning; rather, we are encouraging the attempt to explaining it to the point of it easing students' fear of unknown linguistic phenomena. Many times we do not seek to learn things in order to practice them; rather, we learn them in order to do away with the mysteries that will obsess the mind and prevent it from moving forward. The difference between the two approaches boils down to this: one situation in which the student will inquire about a change in the sounds (that is due to grammar) and the instructor would reply: "don't worry about that now, we'll explain that later." The natural reaction would be then, why are you using it NOW if you cannot explain it? The second is the one in which the student will inquire, the instructor would briefly explain, without holding the student responsible for using it every time.

The other problem that may arise, if we delay teaching grammar until chapter 15 or 16 of *al-kitaab*, is that many students take only one year of Arabic; and that means that they may end up finishing their studies of Arabic without having a chance to talk about the grammar. This is generally the case in many large public institutions like the University of Washington.

This supplemental collection, therefore, is NOT intended to replace any of the textbooks out there; rather, it is here to complement them. In fact this book is best when used in conjunction with *al-Kitaab*. It is our personal experiment to which our students responded positively. *Al-kitaab* did not present a single dialogue and that goes against everything the Oral Proficiency Movement strived for; for that we added short dialogues that use almost the same vocabulary in every chapter of *al-kitaab*. That way, students will not feel overwhelmed by the amount of new vocabulary. Additionally, we have included poetry and some fully vocalized texts so that instructors can aim at reducing the effect of "fragmentation" (as opposed to fluency). While attempting to avoid teaching and discussing grammar, the authors of *al-kitaab* opted to read sentences as isolated words. In doing so, the main powerful feature of the Arabic language, fluency, was destroyed. The fluency I am talking about here is not the linguistic one; rather, the simple flow of sounds from one word to another. The beauty and the power of the Arabic language are in that flow. Changing that or ignoring it—even temporarily—amounts to creating an artificial language. That stands counter productive, especially in the context of the proficiency standards.

One more passing comment in regards to teaching Arabic grammar; while teaching Arabic for more than half a decade at the university level, I realized that most of these students do not understand the English grammar let alone the grammar of a foreign language. While learning Arabic, students will benefit from the explanations of some of the grammatical concepts that apply to the English grammar. Having said that, it should not be the practice of the Arabic instructors to exclusively use English grammatical concepts. I find it more instructive to use the Arabic technical terms, since these terms are usually more specific, and even make sense if we were to translate them to explain what them as well as the meaning of close derivatives. English terms on the other hand, may end up confusing students even more. Using Arabic grammatical terms may also give instructors an opportunity to converse in Arabic like asking students: *maa huwa al-mubtada' fii hathihi al-jumlah*, *maa huwa jithru haathihi al-kalimah* , *maa huwa al-faa`il*, etc... students may answer such questions using full sentences in Arabic without having to speak English at all even though it is grammar that is being discussed.

This book was put together with the needs of the students in mind; it is organized to encourage maximum interactivity and participation from the student. While listening to the explanations or the taped sounds, the student can use the empty space to jot down their personal notes or even questions. For the alphabet chapters, a student can practice across from the demonstrations before he or she does the homework. The immediacy factor for practice is especially important for the learning of a language that is as hard and as foreign to English speaking students. We hope that this work prove to be of benefit to students and instructors alike.

الدّروس

الحروف الهجائية ١

التعليمات	ملاحظات
●The Arabic alphabet is written from right to left. There are 29 consonants and 6 vowels (3 short vowels, 3 long vowels). ●The 3 long vowels can be vocalized hence they become consonants. ● In this session, we will learn mostly some consonants and the three long vowels which will help us in the pronunciation of some Arabic words. ●It will be helpful to practice saying each new word we learn so that students would learn individual sounds progressively. ●We are introducing the alphabet not in their alphabetical order, rather similar looking letters are grouped together so that we stress early on the importance of the special features for each letter and help students form categories which can help throughout the learning process. ●Here is a list of some of the key words we might be using: ●Harf (huroof) (حروف) حرف Letter(s) ●(حركات) حركة Harakah (harakaat) Short vowel(s)	

	●Isolated: ا ●As the First Letter: ا— ●In the middle of a word: ●As the final letter:—ـﻠ ـﻠ
	●Isolated: و ●As the First Letter: و— ●In the middle of a word: ـو— ●As the final letter: ـو—
	●Isolated: ي ●As the First Letter: يـ— ●In the middle of a word: ـيـ— ●As the final letter: ـي—
	●Isolated:

	ب ●As the First Letter: بـ ●In the middle of a word: ـبـ ●As the final letter: ـب
	التراكيب: ب + ا = بـــا ب + و = بـو ب + ي = بـي ب + ا + ب = باب
	●Isolated: ت ●As the First Letter: تـ ●In the middle of a word: ـتـ ●As the final letter: ـت
	التراكيب: ت + ا = تــا

	ت + و = تـو ت + ي = تـي ت+ و +ت = توت
	•Isolated: ث •As the First Letter: ثـ •In the middle of a word: ـثـ •As the final letter: ـث
	ث+ ا = ثـا ث + و = ثـو ث + ي = ثـي ث+ ا + ب = ثاب
	•Isolated: ن •As the First Letter: نـ •In the middle of a word:

	ـنـ
	●As the final letter:
	ـن

	ن + ا = نـا
	ن + و = نـو
	ب + ي = نـي
	ن + و + ن = نون

الحوار: أهلا!

> Listen to the Dialogue

☒	صَباحُ الخَيْر!
☒	صَباحُ النُّور!
☒	اِسْمي أحْمَد. ماسْمُكَ؟
☒	اِسْمي عادِل.
☒	وَأنْتِ، ماسْمُكِ؟
☒	أنا اِسْمي فاطِمة.
☒	فُرْصَةٌ سَعيدة!
☒	فُرْصَة سَعيدة!

التمارين ١

Practice	Instructions
	ب+ ا = بـا ب + و = بـو ب + ي = بـي ب+ ا + ب = باب ث+ ا = ثـا ث + و = ثـو ث + ي = ثـي ث+ ا + ب = ثاب ن+ ا = نـا ن + و = نـو ب + ي = نـي ن+ و + ن = نون
نون	ن+ و + ن = ث+ ا + ن+ي = ب+ن+ي+أ = ن+ث+ي+ا+و +ت= ي+ب+ي+ت =
ن+ب+ا+ت	نبات> تبن> ثياب> بيوتات> ياباني> نباتاتنا>

الحروف الهجائية ٢

التعليمات	التطبيق
الألف (ا) > بـــاب الواو (و) > تــوت الياء (ي) > بابي	
الفتحة: ـَـ > بَــاتَ (ـَ|ا) الضمّة: ـُـ > تُــوت (ـُ|و) الكسرة: ـِـ > بَابِــي (ـِ|ي)	
● ب > بَ بُ بِ | با بو بي ● ت > تَ تُ تِ | تا تو تي ● ث > ثَ ثُ ثِ | ثا ثو ثي ● و > وَ وُ وِ | وا وو وي ● ي > يَ يُ يِ | يا يو يي	
● ج جَـ جـُ ـِج ● ● ح حَـ حـُ ـِح ● ● خ خَـ خـُ ـِخ	

د دَـ ـدُـ ـدِ	
ذ ذَـ ـذُـ ـذِ	
ر رَـ ـرُـ ـرِ	
ز زَـ ـزُـ ـزِ	
بَحَثَ نَجَحَ وَجَدَ وَجَبَ بَنَات جِدار زارَ حَذَرَ يَجِبُ بابُنا ثِيابُنا	

الحوار: كيْف الحال!

> Listen to the Dialogue

- ☐ صَباحُ الخَيْرِ!
- ☐ صَباحُ النُّورِ!
- ☐ كيْفَ حالُــــكَ يا عادل؟
- ☐ أنا بِخَيْرٍ، شُكْرًا.
- ☐ وَأنْتِ يا فاطمة، كَيْفَ حالُـكِ؟
- ☐ لا بأس.
- ☐ مَعَ السَّلامَــــةِ!
- ☐ مَعَ السَّلامَــــةِ!

التمارين ٢

Practice	Instructions
____________________ ____________________	١. ب > بَ بُ بِ | با بو بي ٢. ت > تَ تُ تِ | تا تو تي ٣. ث > ثَ ثُ ثِ | ثا ثو ثي ٤. و > وَ وُ وِ | وا وو وي ٥. ي > يَ يُ يِ | يا يو يي ج جَـ ـجَـ ـجُـ ـجِ خ خَـ ـخُـ ـخِ ● د دَ ـدَ ـدُ ـدِ ● ذ ذَ ـذَ ـذُ ـذِ ● ز زَ ـزَ ـزُ ـزِ
____________________ ____________________ ____________________ ____________________	بَحَثَ نَجَحَ وَجَدَ وَجَبَ بَنَـات جِـدار زارَ حَذَرَ يَجِـبُ بابُـنا ثِـيابُـنا

Circle or highlight all letters or words you recognize in the text on the right. __________ __________	وقد بدأت قوافل الحجيج فى التوجه الى مزدلفة عليها رجال عبر الطرقات الفسيحة التى انتشر الامن والمرور والحرس الوطنى والكشافة التى اتسمت لمساعدة الحجاج وتسهيل حركاتهم ولله الحمد بالانسيابية فى حين اخذ المشاة من التى خصصت لهم الحجاج فى سلوك المسارات وزودت بكافة احتياجاتهم سواء الامنية او التى خصصت الارشادية وقد ساهمت الطرق

	للمشاة الى جانب التوسعات التى جرت لطرق السير المشاة القائمة فى تيسير حركة

الملاحظات

الحروف الهجائية ٣

التطبيق	التعليمات
Sukun refers to the absence of motion as the Arabic word means. I sounds like a coming to a stop or pause before continuing with the next voweled letter.	**السكون:** ـْ < بَـيْـت < بِـنْـت < جُـبْـن
Shaddah refers to stressed letters (like doubled consonants in English). It sounds like a letter with a *sukun* plus the same letter with a short vowel as illustrated in the examples on the right.	**الشدّة:** ـّ < نَـبَّـتَ (نَـبْبَـتَ) < بُـرِّجَـتْ (بُـرْرِجَـتْ) < رَبُّـنا (رَبْبُـنا)
	الحروف: س سَـ ـسُـ ـسِ ● ● ش شَـ ـشُـ ـشِ ● ● ص صَـ ـصُـ ـصِ ● ● ض ضَـ ـضُـ ـضِ ● ●

ط ـطـ ـطُ ـطِ ● ______ ● ظ ظَـ ـظُـ ـظِ ● ______	
الأمثلة: ● دَرَسَ - دَرْس - دَرَّسَ ● حَضَرَ حاضَرَ حُضور ● خاصّ طارَ ظَرْف	

الملاحظات

الحوار: ما هذا!

> Listen to the Dialogue

- ✓ أهْلا سمير !
- ✓ مَرْحبا عادل !
- ✓ كيْفَ الحالُ؟
- ✓ بِخَيْرٍ، شُكْرًا. وأنْتَ.
- ✓ الحَمدُ لله، شُكْرًا!
- ✓ ما هذا يا عادل؟
- ✓ هذا كِتابٌ!
- ✓ وما هَـــذِهِ؟
- ✓ هـــذِهِ طاوِلةٌ.

التمارين ٣

Practice	Instructions
و+ ح + ي + د وجودي	وحيد > زبون > حيار اتنا > جبروتي > حو اجز > ر اديو > در اساتنا > و+ج+و+د+ي> ح+و+ي+ن> ت+و+ت+ر> ت+د+ر+ي+س> ش+خ+ص+ي+ا+ت>
	درَّسَ مُحاضِرٌ طُلابٌ
Circle or highlight all full words or letters you recognize in the text & translate the words you know.	ذكرت صحيفة / نيويورك تايمز / الامريكية اليوم ان عميل مكتب المباحث الفيدر الية الامريكى روبرت فيليب هانسن الذى القى القبض عليه فى الشهر الماضى بتهمة لصالح موسكو قد كشف لروسيا عن التجسس قيام الو لايات المتحدة بانشاء نفق سرى تحت الروسية فى و اشنطن لخدمة اغر اض السفارة

التجسس ونقلت الصحيفة عن مسئولين حاليين وسابقين فى المخابرات الامريكية قولهم ان انشاء النفق السرى تمت بمشاركة بين عملية مكتب التحقيقات الفيدرالى اف بى اى ووكالة القومى وانها كانت جزءا من جهود الامن امريكية اوسع لتعقب المسئولين السوفيت ثم ذلك ومراقبة الجواسيس الروس الروس بعد العاملين فى الولايات المتحدة وأضافت الصحيفة ان المتحدثين باسم مكتب التحقيات الفيدرالى والبيت الابيض رفضا التعليق على موضوع النفق	

الملاحظات

الحروف الهجائية ٤

التعليمات	**التطبيق**
الحروف: • ع عَـ ـعُـ ـِع • • غ غَـ ـغُـ ـِغ • • ف فَـ ـفُـ ـِف • • ق قَـ ـقُـ ـِق • • ك كَـ ـكُـ ـِك • • ل لَـ ـلُـ ـِل • • م مَـ ـمُـ ـِم •	

الحالات الخاصة: • ل + ا > لا • ________________ ل + ا + ــــ > لاــــ • ________________	________ ________ ________ ________ ________ ________ ________ ________
الأمثلة: • كَتَبَ - كاتِب - كِتاب • غُراب – غَرْب - مَغْرِب • قَـمَـر – شَـمْـس	________ ________ ________ ________ ________
القواعد: • المعْرفة/النّكرة • ال + اسم > اسم معرفة • أمثلة: ال + كـتاب > الكـتابُ ال + قَـمـر > القمــرُ • النّكرة • المعرفة - ال > اسم نكرة • أمثلة: الكـتابُ- ال > كـتابٌ القَــمرُ- ال > قَـمَـرٌ • الحروف الشّمسية/القمريّة	Making nouns define consists of adding the *alif* and *lam* (prefix) to nouns and adjectives. In doing so, the first letter of the word will be stressed if it is a *sun* letter and the *lam* will be silent (not pronounced). If the first letter of the noun/adjective is a *moon* letter, the *lam* will be pronounced, and the letter will not have the *shaddah*. The *tanwin* refers to the double *dammah* at the end of the noun/adjective and it denotes the indefinite

marker, as in a book verses the book (*kitabun* vs *al-kitabu*). ________ ________ ________ ________ ________ ________ ________	• ال + حرف شمسي > شدّة • الحروف الشّمسية: ت ث د ذ ر ز س ش ص ض ط ظ ل ن (١٤) أمثلة: • الـشَّـمْـسُ • الْـقَـمَـرُ

الملاحظات

____

____

____

____

____

____

____

الحوار: مِنْ أيْنَ أنْت

> Listen to the Dialogue

- أهْلا!
- مَرْحبا!
- مِنْ أيْنَ أنْتَ؟
- أنا مِــنْ تونس. وَأنْتِ؟
- أنا مِنْ أمْريكا.
- ومِنْ أيْنَ هُوَ؟
- هُوَ مِــــنْ العِراق.
- ومنْ أيْنَ هِيَ؟
- هـــــي مِنْ مِــصْــرَ.

التمارين ٤

Practice	Instructions
____________________ ____________________ ____________________ ____________________ ____________________ ____________________ ____________________ ____________________ ____________________ ____________________ ____________________ ____________________ ____________________ ____________________ ____________________ ____________________ ____________________ ____________________ ____________________	عَرَبٌ > ع + رَ + بٌ عَطْشانٌ > صَغِيرٌ > حَرْفٌ > وَقْتٌ > حارٌّ > كُرْسِيٌّ > سَ+ا+عَ+دَ> ساعَدَ سَ+رِ+ي_عٌ> صَ+دِ+ي+قٌ> فَ+قِ+ي+رٌ> كِ+تَ+ا+بٌ>
Write a paragraph in English telling us what you know about: Sun Letter, Moon Letters, and how to make a noun definite/indefinite in Arabic. You may use the space at the end of this assignment.	الحروفُ الشَّمْسِيَّةُ الحروف القمريّةُ المَعْرِفةُ و النّكِرَةُ
Circle or highlight all full words you recognize in the text & translate the words you know. ____________ ____________ ____________	غادر العاهل المغربى جلالة الملك محمد السادس المنامة ظهر اليوم متوجها الى نيودلهى بعد زيارة لدولة البحرين استغرقت يومين اجرى خلالها مباحثات مع امير دولة البحرين سمو الشيخ حمد بن عيسى ال خليفة تناولت البلدين العلاقات الثنائية المتميزة القائمة بين والشعبين الشقيقين وسبل دعمها وتعزيزها على

فى المنطقة كافة الاصعدة والتطورات الراهنة
وعملية السلام فى الشرق الاوسط وسبل دعم
والاسلامى اضافة الى وتعزيز التضامن العربى
المسائل الاخرى موضع الاهتمام المشترك
كما قدم العاهل المغربى خلال لقائه بسمو الامير
ميثاق العمل الوطنى تهانيه بنجاح الاستفتاء على
والذى عكس التفاف المواطنين حول قيادتهم
التحديث والتطوير الحكيمة فى مسيرة
وكان فى مقدة مودعى العاهل المغربى لدى
بن مغادرته امير دولة البحرين سمو الشيخ حمد
عيسى ال خليفة ورئيس الوزراء سمو الشيخ
بن خليفة بن سلمان ال خليفه وسمو الشيخ محمد
سلمان ال خليفه وولى العهد القائد العام لقوة
الدفاع سمو الشيخ سلمان بن حمد ال خليفة

الملاحظات

الحروف الهجائية ٥

التطبيق	التعليمات
There're many rules governing the writing of the *hamzah*. At this stage, students should simply know that the seat taken by the *hamza* is decided by the short vowel on the letter immediately before it (see examples). It is written on the line if it is preceded by a long vowel of a *sukun*.	الحروف: • ه هَـ ـهُـ ـهِ • أ أكَلَ سَألَ مَـلأ • ؤ سُؤال لُؤْلُؤٌ • ئ بِئْرٌ – ذِئابٌ – شاطِئٌ • ء تَساءَلَ – ضَوْءٌ
When the *hamzah* is followed by an alif, it will be converted into an *alif maadah*. As in the preposition *`alaa*, the *yaa'* is actually like an *alif* sound (*alif maqsurah*). Also as in the last three words, there is a long vowel sound that is not usually written down.	تنبيه: • ء + ا > آ • قرآن • على • هـذا لـكن ذلك
Everything in Arabic has a gender (whether masculine or feminine). Adjectives and titles are made feminine by adding a *taa' marbutah* as a suffix (see examples on the right).	القواعد: التأنيث (ة) طالبٌ > طالبةٌ جديد > جديدةٌ عربيّ > عربيّةٌ

Summary

Now that we have learned the entire Arabic alphabet, it is time to review them and learn them in the alphabetical order. If you are to continue beyond the elementary level, learning the order of the Alphabet will be very helpful because you will need that information to look up words in Arabic dictionaries. Arabic words are not listed by the first letter, as is the case in other languages; rather, they are listed under the root from which any given word is derived. Before we delve any further into this topic, it might be comforting to know at this juncture that, even though Arabic is thought to be a language low on cognates, it is nonetheless a very systematic language based on a system of derivatives (*ishtiqaaq*) that would enable the learner to predict—and even construct—meaning thanks to the elaborate system of *awzaan* of verbs and nouns (see the summary verbal patterns at the end of this book).

As to the use of dictionaries to find the meaning of Arabic words, students first must be familiar with the concept of roots (jithr). Once a student is able to determine the root of the word, he or she then can look under that jithr whereunder the derivative (word) will be found. The listing of these roots is organized alphabetically.

Here is the order of the alphabet (aka as al-Huroof al-Alifbatiyyah):

ا ب ت ث ج ح خ د ذ ر ز س ش ص ض ط ظ ع غ ف ق ك ل م ن ه و ء ي

Read from right to left

There is another order of the letters generally used to enumerate paragraphs etc… It is known as al-huroof al-Abajadiyyah where the order is radically different from the above:

ا ب ج د ه و ز .....

Listen to and practice sounding the alphabet in the proper order. There is a clear audio recording accompanying the alif baa textbook that is used along with this and the al-Kitaab textbook. Also, as you study the sounds, pay attention and establish the contrast between the related pairs of sounds of some of the letters that are produced in the same area of the mouth. These related letters are generally related with the main difference being one is more voiced (harder) than the other. Study the following:

(ت ط)، (ث ذ ظ)، (ه ح)، (خ غ)، (س ص)، (د ض)، (ك ق)

The letter

ض

Is more complex than all other one, may be it is for that reason that that they call Arabic the language of the Daad! This letter combines some of the sounds of more than one letter:

ض = د + ظ + ذ

Practice, practice, practice… and good luck!

الحوار:كَيْفَ الطقسُ

> Listen to the Dialogue

❖ مِنْ أَيْنَ أَنْتَ؟

❖ أنا مِنْ السَّعوديّةِ

❖ كَيْفَ الطقْسُ هُناك؟

❖ حارٌّ وشامسٌ في الصَّيْفِ وَغائِمٌ وَبارِدٌ في الشِّتاءِ؟

❖ ومِنْ أَيْنَ أَنْتِ؟

❖ أنا من ألاسْكا.

❖ كَيْفَ الطقْسُ في ألاسكا؟

❖ الطقسُ هناك بارِدٌ جِدًّا.

التمارين ٥

Practice	Instructions
	مَعْهَدٌ > م + ع + ه + د مِشْهورٌ > أسْتاذةٌ > سُؤالٌ > قُرْآنٌ > هذا > مَكْتَبَةٌ > إ+ي+ر+ا+ن> إيران رَ+ئ+ي+سٌ> عُلَماءُ> ءَ+ا+مَ+نَ> تَ+سَ+ا+ءَ+لَ>

Circle or highlight all full words you know in the text & translate them.	وفي اشارة الى المسألة التي تشغل الولايات المتحدة الامريكية، قال الرئيس بوش بضرورة العمل المشترك من قبل الولايات المتحدة الامريكية والمكسيك لحل مشكلة تهريب المخدرات، معترفاً في الوقت نفسه بأن هذه القضية مرتبطة بشكل رئيسي بنسبة الاستهلاك المرتفعة للمخدرات في الولايات المتحدة، وأكد قناعته بحرص الرئيس المكسيكي فوكس على بذل الجهد للحد من ظاهرة المخدرات. واضافة الى ذلك تعهد الطرفان الامريكي والمكسيكي بالعمل معاً من أجل التوصل الى

حل المشكلات المتعلقة بالهجرة من المكسيك الى الولايات المتحدة الامريكية، خصوصاً وان ما يقارب العشرين مليون شخص من أصل مكسيكي يعيشون في الولايات المتحدة الامريكية، من بينهم نحو ثلاثة ملايين /٢٠%/ يعيشون بشكل غير شرعي.

ويرى البعض ان ثمة تحولاً في الموقف الامريكي قد طرأ بعد لقاء بوش وفوكس بخصوص مشكلة الهجرة، ويتمثل هذا التحول في طريقة التعامل مع المهاجرين من قبل الولايات المتحدة، والتي كانت تعتمد الى الآن على القمع وحده للحد من ظاهرة الهجرة، فقد جاء في بيان مشترك صدر عقب لقاء الرئيسين بأنه بات من الضروري تنظيم تدفق المهاجرين بشكل يضمن معاملة انسانية لائقة.

لقد أرسلت ادارة بوش من خلال الزيارة مؤشرات حول الأهمية التي يوليها لإقامة علاقات قوية مع جنوب القارة الامريكية، ونتبين ذلك من خلال المحادثات التي دارت مع نظيره المكسيكي فنسنت فوكس، وكان الرئيس بوش قد لخص أهداف زيارته للمكسيك بالقول: لا يمكن الفصل بين مستقبلنا ومستقبل جيراننا، وهي الاشارة التي أطلقها لما يوليه من أهمية للتعاون مع دول جنوب القارة وكندا، وأضاف الرئيس بوش قبيل زيارته في حديث له أمام العاملين في الخارجية الامريكية بأنه يتطلع من خلال الزيارة

الى البحث في كيفية العمل مع دول امريكا لبناء ما أسماه /قرناً امريكياً/، وتبقى المكسيك بالنسبة للرئيس بوش هدفاً أولياً لتأسيس ما أطلق عليه تعبير /نموذجاً للتعاون/ في سبيل الحرية والازدهار، وان كان ذلك لن يحول دون ترك الأبواب مشرعة أمام شراكة أكبر وتعاون يحقق تطوراً اقتصادياً ملفتاً.

أما المكسيك فتمني النفس بما يعد به تطور العلاقات مع الولايات المتحدة من جهة تطوير قدراتها على تصدير الطاقة والغاز الطبيعي للجارة الشمالية، لاسيما بعد ان زادت مكسيكو صادراتها من الغاز الطبيعي الى الولايات المتحدة في الآونة الأخيرة بقصد المساهمة في حل أزمة الطاقة فيها، في وقت دعا فيه الخبراء الى المزيد من الاستثمارات الامريكية في مشاريع توليد الطاقة المكسيكية، ويضاف الى ذلك سعي المكسيك الى إزالة اسمها عن لائحة الدول التي يتعين على الرئيس الامريكي التحقق سنوياً من تعاونها في مجال مكافحة المخدرات بعدما خطت خطوات كبيرة في هذا المجال.

التمارين ٥-٢

Notes	Instructions
—————— ——————	أوّلا: أكتب كلمات مستعملا الحروف التّالية: Connect the letters to form words • ت + د + ر + ي + س = تدريس • ——————— • ح + ج + ا + ب = • ——————— • م + ك + ت + ب + ا + ت = • ——————— • د + ر + ا + س + ا + ت = • ——————— • ا + س + ت + ق + ب + ا + ل + ا + ت = • ——————— ثانيا:

أكتب الحروف منفصلة:

Write each letter isolated as in the example:

مثال: ثـبّـــت < ث + ب + ب + ت

- مستوصف < ـــــــــــــ

- محمّد < ـــــــــــــ

- تضييعه < ـــــــــــــ

- كرسيّ < ـــــــــــــ

- قرآن < ـــــــــــــ

- ثالثا:

ما هو مؤنث هذه الكلمات:

Make the following words feminine as in the example

- طالب < طالبة ـــــــ

- جديد < ـــــــــــــ

- أستاذ < ـــــــــــــ

- صغير < ـ ـــــــــــ

• بعيد > ــــــــــــــــــــــــ

رابعا:

إجعل هذه الكلمات معرفة (انتبه للحروف

الشّمسية)

Make the following words definite as in the example:

• قسمٌ >_الْـقسـمُ_ شمسٌ> الـشّـمسُ

• رجل > ــــــــــــــــــــ

• كتاب > ــــــــــــــــــــ

• ساعة > ــــــــــــــــــــ

• صفّ > ــــــــــــــــــــ

الدرس الأول (١)

النّسبة

الملاحظات	التعليمات
Nisba Adjectives are derived from nouns. They are generally used to indicate nationalities, political and philosophical orientations, & religious and affiliations. They are characterized by adding the "ya'" as a suffix to nouns.	أمثلة: أ- تونس > تونسيّ > تونسيّة ب- الجزائر > جزائريّ > جزائريّة ت- مصر > مصريّ > مصريّة ث- امريكا > امريكيّ > امريكيّة ج- القاهرة > قاهريّ > قاهريّة عرب > عربيّ > عربيّة خ- المسيح > مسيحيّ > مسيحيّة د- فلسفة > فلسفيّ > فلسفيّة ذ- السّياسة > سياسيّ > سياسيّة ر- أحمد > أحمد يّ > أحمد يّة ز- جل > جليّ > جليّة س- جستن > جستنيّ > جستنيّة ش- ريمند > ريمنديّ > ريمنديّة
> Listen to the Dialogue	**الحوار:**
	• ماسمك؟ • اسمي محمّد. و أنت؟

	أنا كريم. من أَيْنَ أَنْت؟ ● أنا امريكيٌّ. وأنت؟ ● أنا فرنْسيٌّ. ●
_____ _____	

الملاحظات

الدرس الأول(٢)

النّسبة ٢

الملاحظات	التعليمات
Nominal sentences in the Arabic language are sentences that do not start (as the first word of the sentence) with a verb. This kind of sentences are—to some extent--similar to " English equational sentence:" The book is new.The verb "to be" here is separating a noun from its adjective to form a "complete/full sentence. " *The book* then, functions as *the subject* of the sentence; and new is *the predicate* of the sentence. Notice that this sentence is different from the phrase: ***The new book*** Which is NOT a complete sentence.Similarly, in Arabic, sentences starting with anything other than a verb are categorized as " nominal/nominative sentences. " Let's exam the same sentence translated into Arabic: الكتابُ جديدٌ The first part (the subject) is called: الْـمُـبْـتَـدَأ The second (the predicate) is: الْـخَـبَـر Literally means the initial/starting piece of information. By itself it does not say much. الخبرCan be translated to mean news, information, or statement. As the name indicates, this part of the sentence is descriptive; it contains the necessary information that clarifies the subject and makes the sentence—grammatically—complete.In the absence of any modifiers, the *Mubtada*'s case ending is "nominal" and so is that of the *Khabar*. This case ending is marked by the *Dammah* (or *Tanween al-Raf`)* on the last letters of words.	١) مها مِصْرِيّةٌ ٢) الطالبةُ مصريّةٌ ٣) هي مصريّةٌ ٤) خالد مصريٌّ ٥) الطالبُ مصريٌّ ٦) هو مصريٌّ ٧) أنا مصريٌّ ٨) أنْتَ مصريٌّ ٩) أنْتِ مصريّةٌ ١٠) هو مصريٌّ ١١) هي مصريّةٌ __________ __________ __________ __________ __________

> Listen to the Dialogue

الحوار:

- هَـلْ أنْت أمريكيٌّ؟
- لا، أنا عراقيٌّ.
- هَـلْ هِيَ فلسطينيّةٌ؟
- نَعَمْ، هي فلسطينيّةٌ

الملاحظات

الدرس الثاني (١)

الجمع

الملاحظات	التعليمات
We have seen and used the singular pronouns. Although in Arabic there is a set of pronouns for the Dual and Feminine, we will limit this lesson to three commonly used plural pronouns; the rest will be introduced once they are used in the textbook. These are what one may call regular plurals for feminine and masculine (humans) since they follow a particular pattern. If you want to form masculine plurals out of a singular noun or adjective, you simply add (as a suffix) the following letters: For masculine the ending is: ـونَ For feminine, you add: ـاتٌ Keep in mind that the rules apply only to the “rational beings,” when it comes to masculine nouns; other objects will follow a different set of rules that we will talk about later. المترجمـونَ مشغولون For feminine: المترجمـاتٌ مشغولات A number of objects if not most of them are pluralized in the feminine form even though they are “non-rational. كلمة > كلمـاتٌ” مطار > مطارات Just like in English, there is irregularity when forming plurals: Book < books	أنا > نَحْنُ أنتَ > أنْـتُمْ أنْتِ > ___ هُوَ > هُمْ هِيَ > ___ أنا مُتَرْجِمٌ | مُتَرْجِمةٌ أنتَ مُتَرْجِمٌ أنْتِ مُتَرْجِمَةٌ هُوَ مُتَرْجِمٌ هِيَ مُتَرْجِمَة نَحْنُ مُتَرْجِمونَ| مُتَرْجِماتٌ أنْـتُم مُتَرْجِمونَ هُمْ مُتَرْجِمونَ نَحْنُ مُتَرْجِمونَ أنْـتُم مُتَرْجِمونَ هُمْ مُتَرْجِمونَ نَحْنُ مُتَرْجِمات ___ ___

Lunch < lunches
Woman < women
Man < men
Knife < Knives
In Arabic as well we encounter a number of irregular plurals which do not fall under the pattern previously described.)see pp. 27)

رجل > رجال
طالب > طلاب
مدينة > مُدُنٌ
أستاذ > أساتذة
امرأة > نساء

As you can see there is no set pattern that will enable us to predict the plural form of words like these. How does one learn them you may ask... *memory*; you must memorize these words. Every time you are introduced to an irregular plural, you must write it down on your list and commit it to memory. A preliminary list is available on pp. 27 of your textbook.

> Listen to the Dialogue

_____

_____

_____

_____

_____

_____

الحوار:

● منْ أنتم؟

● نحن طلابٌ وأنتم؟

● نحن مدرِّسون في مدرسةٍ؟

● هل أنتم أمريكيون؟

● لا نحن عراقيّونَ.

الدرس الثاني (٢)

الإعراب

التعليمات	الملاحظات
حُروفُ الْجَرِّ: في، مِنْ، عَلَى، إِلَى، عَنْ، بِـ، لِـ، كَـ...	Consider this: in English, it is wrong to say: * I talked to she. * She saw he with they. * Joe and me read this book. Why is it wrong?The words in the previous sentences are used in different grammatical contexts, they each provide a different function within the sentence: Subject, Direct Object, and Object of Preposition. Thus they are transformed from he > him, she > her, me > I etc…Similar transformations occur also in Arabic; except, instead of word transformation, we see a change in the *Case Ending* of each word of the sentence. There three Case-Endings:Case-Endings: * The Nominative case-ending marking the words that function as Subject or Predicate. By default, isolated words are generally listed with the nominative case ending.Case-Endings: * The Accusative case-ending marking the words that function as Direct Objects, Adverbs, etc… or.Case-Endings: * The Genitive case-ending marking the words that function as Object of Prepositions and *Mudaf Ilayh* etc…
الأسماء المرْفوعَةُ: ـُ ، ـٌ الطَّقسُ جَميلٌ	
لأسماء المَنْصوبة: ـَ ، ـً الطَّقسُ جَميلٌ جِدًّا	
الأسماء المجْرورة: ـِ ، ـٍ الطّالبُ في الجامعةِ	
الحوار:	> Listen to the Dialogue
❖السَّلامُ عَلَيْكُم ❖وَعَلَيْكُمُ السَّلامُ. ❖كَيْفَ حالُك؟	____ ____ ____ ____

بِخَيْرٍ، شُكْرًا. ❖

هَلْ أَنْت طَالِبٌ؟ ❖

نَعَمْ، أَنا طَالِبٌ. ❖

طَالِبٌ ! أَيْنَ؟ ❖

هُنا! أَنا طَالِبٌ في ❖
الْـجامِعَةِ.

وَمِنْ أَيْنَ أَنْتَ؟ ❖

أَنا مِنْ الْخرْطوم. ❖

أَيْنَ الْخرْطومُ؟ ❖

هِيَ في السُّودانِ... ❖

الشِّعر: هرِّي

الدرس الثاني (٣)

الإعراب

> Listen to the Dialogue	الحوار:
	❖السَّلامُ عَلَـيْـكُم
	❖وَعَلَـيْـكُمُ السَّلامُ.
	❖كَيْفَ حالُـــك؟
	❖بِخَيْرٍ، شُكْرًا.
	❖ أيْنَ المَكْتَبَةُ مِنْ فَضْلِك؟
	❖المكْتَبَةُ أمامَ المَقْهى.
	❖شُكْرا جَزيلا!
	❖العَفْـــوُ!
	❖هل تَسْكُنُ في هَذِهِ المِنْطَقَةِ؟
	❖نَعَمْ، بَيْتي قَريبٌ مِنَ الجامِعَةِ؟
	❖مَعَ السَّلامَةِ!
	❖مَعَ السَّلامَةِ!

التمارين (١-٢)

Notes	Instructions
	أوّلا: ترجم الجمل التالية إلى الإنغليزية: • والِـــدُها مُـتَـرْجِـمٌ. __________ • أسْرَتي كبيرةٌ. __________ • هِيَ طالبةٌ. __________ • سامية ومُنَى ولَيْلَى طالباتٌ. __________ • والِدُها يَعْمَلُ في "نيو يورك." __________ ثانيا: ما هو المبتدأ و ما هو الخبر في كلّ من الجُمل السّابقة:

السّابقة:

١. المبتدأ <

_____

الخبر <

_____

٢. المبتدأ <

_____

الخبر <

_____

٣. المبتدأ <

_____

الخبر <

_____

٤. المبتدأ <

_____

الخبر <

_____

٥. المبتدأ <

_____

الخبر <

_____

ثالثا:

ترجم الجمل التالية إلى العربية:

I am a student(١

_____

She is new here(٢

_____

They are men!(٣

_____

You are girls(٤

_____

You (singular masculine) are (٥

busy

_____

رابعا: أجب عن هذه الأسئلة (استعمل جمل

مفيدة):

١. ما سمُك؟

_____

٢. أيْنَ تسْكُنُ (تسكنين)؟

_____

٣. هل أنْت أستاذ (أستاذة)؟

_____

الدرس الثالث (١)

الإضافة

الأمثلة	الملاحظات
الكتابُ كبيرٌ كتابُ الطالبِ كبيرٌ كتابُ الطالبةِ كبيرٌ كتابُ الطالبِ الجديدِ كبيرٌ كتابُ الطالبِ الجديدُ كبيرٌ مَكْتَبَةُ الجامعةِ كبيرةٌ	________ ________ ________ ________ ________ ________ ________ ________
القواعد	
الأسماءُ المجْرورةُ: بحُروف الجرِّ: في، على، من... المضافُ إليْهِ: كتابُ الطالبِ.	________ ________ ________

الدرس الثالث (٢)

الإضافة/ضمائر الملكيّة

الملاحظات	الأمثلة
The name of the father > his name (he name?)	اسمُ الْوالِدِ > اِسْمُــــهُ
The name of the mother > her name (she name)	اسمُ الْوالِدَةِ > اِسْمُــها
	اسمُ + أنا > اِسْمــي
	اسمُ + أنْتَ > اِسْمُــكَ
	اسمُ + أنْتِ > اِسْمُــكِ
	اسمُ + هُوَ > اِسْمُــهُ
	اسمُ + هِيَ > اِسْمُــها
	اسمُ + نَحْنُ > اِسْمُــنا
	اسمُ + أنْتُمْ > اِسْمُــكُمْ
	اسمُ + هُمْ > اِسْمُــهُمْ
	الكِتابُ في بَيْــتِــكَ
	الكِتابُ في بَيْــتِــكِ
	الكِتابُ في بَيْــتِــها
	الكِتابُ في بَيْــتِــهِ
	الكِتابُ في بَيْــتِــي

	الكِتابُ في بَيْــتِــنا
_____	الكِتابُ في بَيْــتِــكُمْ
_____	الكِتابُ في بَيْــتِــهِمْ
	كتابُ الطالبِ كبيرٌ

الملاحظات

الدرس الثالث (٣)

العائلة العربيّة

الإضافة/ضمائر الملكيّة

الملاحظات	الأمثلة
In English, the identification of the extended family is less specific than in Arabic. For instance, cousins refer to children from the father side or mother side, in Arabic, the use of specific terms makes it more specific as it will be explained in the examples presented herein.	الأبُ _____ الأمُّ البِنْتُ ... الإبْنُ إبْنُ الإبْنِ... بِنْتُ الإبْنِ ... إبْنُ البِنْتِ الزَّوْجُ، الزَّوْجَةُ، الأبُ، الأمُّ، الأخُ، الأخْتُ
	الجَدُّ: أبو الأبِ أوْ أبو الأمِّ. الجَدَّةُ: أمُّ الأبِ أوْ أمُّ الأمِّ. العمُّ: أخو الأبِ. العمَّةُ: أخْتُ الأبِ. الخالُ: أخو الأمِّ. الخالة: أخْتُ الأمِّ. The gray letter *waw* is part of a special rule that will be introduced in advanced classes.

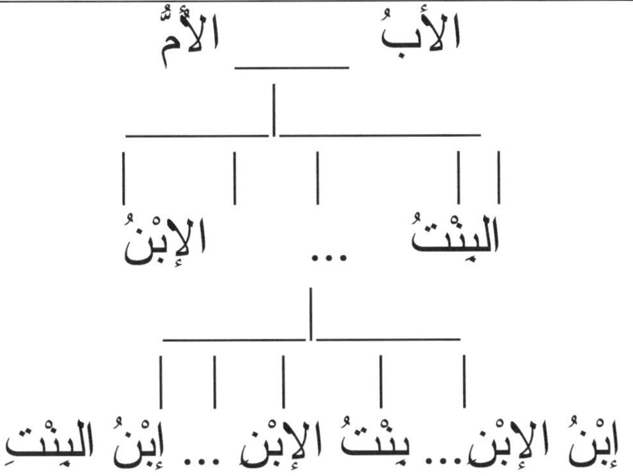

<u>> Listen to the Dialogue</u>	الحوار
_____ _____ _____ _____ _____ _____ _____ _____	هل لَـك أخٌ؟ ١. نعم، لي أخٌ اِسْمُـه محمّد ٢. لا، لي أخْتٌ اسمُها فاطِمة. هل لَـك عمٌّ؟ ١. نعم، لي عمٌّ اِسْمُـه مُحمّد ٢. لا، لي عمَّةٌ اسمُها فاطمة.

<u>الملاحظات</u>

_____

_____

_____

_____

_____

_____

_____

_____

الدرس الثالث (٤)

العائلة العربيّة

الإضافة/ضمائر الملكيّة

الثّقافة العربيّة/الإسلاميّة

الأمثلة	الملاحظات
محمّد: ترك بنات منهنّ فاطمة وزوجته عائشة. عليّ: زوج فاطمة وأبو الحسن والحسين أبو بكر: أبو عائشة عمر: أبو حفصة، زوجة محمد عثمان: زوج رقيّة بنت محمد الخلفاء الرّاشدون: أبو بكر، عمر، عثمان، علي الخلافة: الحكومة الأسلامية من بعد وفات النبيّ إلى زمن العثمانيين أهل الشيعة: (مذهب إسلاميّ) أهل السنّة: (مذهب إسلاميّ)	______________ ______________ ______________ ______________ ______________ ______________ ______________ ______________ ______________ ______________ ______________ ______________ ______________ ______________ ______________

الدرس الثالث (٥)

الإضافة/ضمائر الملكيّة

الأمثلة		الملاحظات
لـــي عمٌّ	لـنا عمٌّ	
لـكَ عمٌّ	لـكُمْ عمٌّ	
لـكِ عمٌّ	----------	
لـها عمٌّ	----------	
لـهُ عمٌّ	لـهُمْ عمٌّ	

الحوار	> Listen to the Dialogue
مع زميلـــي سارّة: مَرْحبًا يا صالِح. صالح: أهْلا سارّة. سارّة: أنْتَ مشْغولٌ جدًّا، هَل لكَ امْتِحانٌ؟ صالح: نَعَمْ. غدًا. سارّة: هل لـك عائِلَةٌ كبيرةٌ في تونس؟ صالح: نعم، لـي خالٌ وأسْرَتُـــهُ و جدٌّ وأسْرَتُـــهُ هُناكَ. و أنْتِ؟ سارّة: لـي صديقةٌ. تَسْكُنُ في القَيْروان.	

	صالح: هل لَـها عائِلَةٌ كبيرةٌ ؟ سارّة: لا. لها أسرةٌ صَغيرَةٌ: الأَبُ والأمُ وأَخٌ واحدٌ. Notes: ________________ ________________ ________________ ________________ ________________ ________________ ________________ ________________ ________________ ________________ ________________

التمارين (ملخص الدرس ٣)

Notes	Instructions

أو ّلا:

ترجم الجمل التالية إلى الإنغليزية (Translate into English):

- مها بِنْتٌ مِصْرِيَّةٌ.

____

- في الحَقيقةِ، أحْمد هو ابْن عَمٍّ والِدِ مها.

____

- هَذِهِ رسالةٌ مِنْ زَوْجَةِ عَمِّي أحْمَد.

____

- حنان أستاذةٌ في كُلِّيَّةِ التَّرْجَمَةِ في القاهِرَةِ.

____

- هَذِهِ صورةُ أسْرَتي.

____

ثانيا:

ما هي الإضافة في كلّ من الجُمل السّابقة

(If you recognize an idafa in any of the previous sentences, write :all the nouns that make up that idafa below)

الإضافة > ____________________

الاضافة >

الإضافة > ______________________

الإضافة > ______________________

الإضافة > ______________________

الإضافة > ______________________

ثالثا:

ترجم الجمل التالية إلى العربية (Translate into Arabic):

١) This is my father

____

٢) The book of the student is new

____

٣) The city of Bozeman is small

____

٤) Their house is here

____

٥) Her husband is busy

____

رابعا: عرّف هذه الكلمات (استعمل جمل مفيدة)

(Define the following words; see the example):

١. الجَدُّ هو أبو الأبِ أوْ أبو الأمِّ.

٢. الجدَّة هي ______________________.

٣. العمُّ هو ______________________.

٤. العمَّةُ هي ______________________.

	٥. الخالُ هو ــــــــــــــــــــــ .

الدرس الرّابع (١)

الجملةُ الفِعْليّةُ

الأمثلة	الملاحظات
الجُمْلةُ الإسمية ُ: المبتدأ - الخبر * الطالبُ مَشْغولٌ. الجُمْلةُ الفِعْليّةُ: فِعْلٌ- فاعِلٌ - مَفْعولٌ * أدْرُسُ. الفِعْلُ: دَرَسَ، الفاعِلُ: أنا * تَـكْـتُـبـينَ. الفِعْلُ: كَتَبَ، الفاعِلُ: أنْتِ * تَـكْـتُـبـينَ كِتابًا. الفِعْلُ: كَتَبَ، الفاعِلُ: أنْتِ، المَفْعولُ بِهِ: كِتابًا المضارع:	

الضّمير	كَتَبَ	كَتَّبَ	كاتَبَ
انا	أكْتُبُ	أكَتِّبُ	أكاتِبُ
أنتَ	تَكْتُبُ	تُكَتِّبُ	تُكاتِبُ
أنتِ	تَكْتُبينَ	تُكَتِّبينَ	تُكاتِبينَ
هو	يَكْتُبُ	يُكَتِّبُ	يُكاتِبُ
هي	تَكْتُبُ	تُكَتِّبُ	تُكاتِبُ
نحن	نَكْتُبُ	نُكَتِّبُ	نُكاتِبُ
أنتم	تَكْتُبونَ	تُكَتِّبونَ	تُكاتِبونَ
هم	يَكْتُبونَ	يُكَتِّبونَ	يُكاتِبونَ

> Listen to the Dialogue	الحوار
	كَيْفَ تَقْضي سارّة يَوْمها عادل: مَرْحبا سارّة. سارة: أهلا عادل. كيف الحال؟ عادل: الحَمْدُ للّه، شُكْرًا. وأنْتِ؟ سارة: بِخَيْرٍ. (لكِن) أنا مَشْغولةٌ. عادل: ماذا تَفْعَلينَ؟ سارة: أدْرُسُ في الصّباحِ وأعْمَلُ في المَساءِ وأدَرِّسُ في اللَّيْلِ. هلْ أنْتَ مشْغول مِثْلي؟ عادل: لا. أدْرُسُ في الصَّباحِ فقط، ولا أعْمَلُ في المساء. وفي اللّيلِ أشاهِدُ التلفزيون.

التمارين (ملخص الدرس ٤)

أوّلا:

ترجم الجمل التالية إلى الإنغليزية (Translate into English):

- كيْفَ أحْفظُ كلَّ الكَلِماتِ قَبْلَ الإمْتِحانِ؟

_____

- لي أخٌ اسْمُهُ محمد و أخت اسْمُها فاطمة.

_____

- خالةُ مها تعْملُ في بنْك كبيرٍ.

_____

- أشاهِدُ مع أصْدِقائي التلفزيون في المساءِ.

_____

- والِدةُ مها تَتَكَلَّمُ ثلاث لغات: العربيّة والفرنسيّة والإنغليزيّة.

_____

ثانيا:

ما هي الإضافة في كلّ من الجُمل السّابقة

(If you recognize an idafa in any of the previous sentences,

write all the nouns that make up that idafa below:)

الإضافة < _____

الإضافة < _____

الإضافة < _____

الملاحظات

الدرس الخامس (١)

الأسماء المنصوبة

الأمثلة	الملاحظات
في الجُمْلةُ الفِعْليّةُ: المفعول به * يَقْرَأ الطالبُ الكِتابَ *********** المَفْعولُ المُطلقُ: شُكْرًا، عَفْوًا، كثيرًا... ١) أدْرُسُ كثيرًا. ٢) عَفْوًا مِنْك. ٣) أشْكُرُك شُكْرًا جَزيلاً. ٤) يَقْفِزُ أرْبعًا. ٥) يَكْتُبُ الكِتابَ مَرّةً.	____________ ____________ ____________ ____________ ____________ ____________ ____________ ____________ ____________ ____________ ____________ ____________
القواعد	
المفعول المطلق: هي الفاظ وردت لتوكيد الفعلِ أو لبيانِ نوع الحدثِ أو لبيان عدد المرّات التي تمّ فيها ذلك الحدث. عادة، يكون هذا اللفظ مصدرا. إن لم يكن مصدرا، فهو: ١ اسم المصدر: حدَّثته حديثا (بدل: حدَّثته تحديثا) ٢ صفة المصدر: أدْرُسُ كثيرًا (أدرس درسا كثيرا)	Generally, the Maf'ul al-mutlaq corresponds to the English adverbs. However, in Arabic the term is very specific. They are accusatives that energize verbs or modify the quality or quantity of verbal nouns. These verbal nouns may be left out of the sentence for simplicity. For now, and notwithstanding the

comprehensive list and examples provided in Arabic, students should have a basic knowledge of these accusatives like the one listed and used thus far.	٣ الضمير المتصل العائد على مصدر ٤ ما يدل على نوع المصدر (يجلس القرفصاءَ) ٥ إسم العدد (يَكْتُبُ الكِتابَ مَرَّةً) ٦ إسم الآلة (يضربه سوطا) ٧ "أيّ" الإستفهاميّة (أيَّ كتابٍ تكتبُ) ٩ يحترمه هذا الإحترامَ – يحترمه كلَّ الإحترام.
> Listen to the Dialogue	**الحوار**
____________________ ____________________ ____________________ ____________________ ____________________ ____________________ ____________________ ____________________ ____________________ ____________________ ____________________ ____________________ ____________________ ____________________ ____________________ ____________________ ____________________ ____________________	في المَبيتِ سارّة: هذا المبيت مزدحمٌ كثيرًا. عبد المجيد: نعم. دائمًا! سارة: هل تحبُّ السَّكنَ هنا فِعْلاً؟ عبد المجيد: نعم. فالجامِعَةُ قريبةٌ جِدًّا مِنْ هنا. سارّة: هل تَدرس هنا أمْ في المَكتبةِ؟ عبد المجيد: أحْيانًا. ولكِنْ غالبًا في المَكْتَبَةِ. سارّة: شُكرًا على المساعدةِ. عبد المجيد: عَفْوًا. مع السلامةِ. سارة: إلى اللّقاءِ.

الدرس الخامس (٢)

أسماء الإشارة والإسم و الصّفة

الأمثلة	الملاحظات
أسماء الإشارة: (هذا، هذه، ذلك، تلك) ١) أدْرُسُ في هذه الجامعةِ القريبةِ. ٢) أقْرأ هذا الكتابَ القَريبَ. ٣) أقْرأ هذه الجريدةَ القَريبةَ. ٤) أخي يدْرُسُ في تِلْكَ الجامعةِ البعيدةِ. ٥) صديقي يقْرَأ ذلكَ الكتابَ البعيدَ. ____________________ ____________________ ____________________ ____________________ ____________________ ____________________ ____________________ ____________________	The demonstrative articles are always immediately attached to the nouns they are pointing to. When modifying/attached to singular nouns; one of the four articles must be used depending on the following: 1. For feminine singular nouns that are relatively near the speaker use: هذه 2. For feminine singular nouns that are far from the speaker use: تلك 3. For masculine singular nouns that are relatively near the speaker use: هذا 4. For masculine singular nouns that are far from the speaker use: ذلك 5. If the demonstrative article/noun is not part of the same segment of the sentence and both segments are definite, a *pronoun of separation* must be used to separate the

subject from the predicate.

_____

_____

_____

_____

_____

_____

_____

> Listen to the Dialogue

الحوار:

ما هذا؟

سارّة: ما هذا يا سمير؟

سمير: هذا كتابٌ. هذا كتابُ اللّغَةِ العَربيّةِ.

سارّة: هل هذا كتابٌ جديدٌ؟

سمير: نعمْ. هذا هو الكِتابُ الجَديدُ.

سارّة: هذا الكتابُ كبيرٌ جِدًّا. الكتابُ القَديمُ صغيرٌ.

سمير: نعمْ. ذلِكَ صحيحٌ.

الملاحظات

الدرس الخامس (٣)

الشّعر العربيّ

الشِّعر:	الملاحظات
أسْكُني يا جِراح واسْكُتي يا شُجون مات عَهْدُ النُّواح وَزَمانُ الْجُنون وأطَلّ الصبَّــاح مِنْ وَراءِ الْقُرون	
الحوار:	Listen to the Dialogue
في الجامعة عادل: السَّلامُ عَليْكُمْ سارّة: وَعَليْكُمْ السَّلام عادل: مِنْ فَضْلك، هل لَــكَ قَلَمٌ لأَكْتُبَ هَذا الـرَّقْـمَ؟ سارّة: نَعَمْ. تَفَضَّلْ. عادل: شُكْرًا. وَهَلْ لَــكَ وَرَقَةٌ؟ سارّة: نعم. تَفَضّلْ. عادل: شكْرًا جَزيلا. سارّة: الْعَـفْـوُ. عادل: مَعَ السَّلامةِ. سارّة: إلى اللِّــــقـاءِ.	

الدرس الخامس (٤)

المَصْدَرُ

الأمثلة

١) تُحِبُّ مها السَّكَنَ في مَدينةِ "نيويورك".

٢) أنا مَشْغولٌ بِالدِّراسَةِ.

٣) هيَ تُحِبُّ مُشاهَدَةَ الأفْلامِ.

٤) أسْتاذُنا لا يُفَضِّلُ التَّدْريسَ في المَساءِ.

٥) لا أسْتَطيعُ تَذَكُّرَ كُلَّ الكَلِماتِ.

الملاحظات

The Masdar can be loosely compared to the English infinitives, verbal nouns, and gerunds. In the Arabic language they function as nouns but very useful as energizers (adverbs) that modify verbs. Each verb has at least one Masdar and that masdar can be used just like any other noun. We have briefly talked about the verb forms (awzaan al-af`aal), it will be helpful to remember those forms, because each form, with the exception of fa`ala (form I), will follow a set pattern in deriving the proper masdar. Here are some examples, and we will introduce the rest of the forms in later lessons:

1. The masdars derived from form I verbs have no predictable set pattern that will enable students to guess, therefore, the masdar of each verb of this group must be memorized:
فعل > فِعالة، فَعَلٌ، فُعولٌ، فَعْلٌ، مَفْعِلة، فُعولٌ، فِعْلٌ...

2. Form II verbs have a more predictable Masdar form:
فَـعَّـلَ > تَفْعيلٌ

3. Form III verbs have a more predictable Masdar forms:
فاعَلَ > مُفاعَلَةٌ

4. The same goes for the rest of the forms:
أفْعَلَ > إفْعالٌ

تَـفَـعَّـلَ > تَفَعُّلٌ
تَفاعَلَ > تَفاعُلٌ
اِنْفَعَلَ > اِنْفِعالٌ
اِفْتَعَلَ >اِفْتِعالٌ
اِفْعَلَّ > اِفْعِلالٌ

اِسْتَفْعَلَ > اِسْتِفْعالٌ	______ ______ ______ ______ ______
> Listen to the Dialogue	الحوار:

ماذا تحِبُّ؟

سارّة: أهْلا سمير!

سمير: مرْحبا سارّة! كيف الحال؟

سارّة: بخيْرٍ، شُكْرًا! ماذا تُحِبُّ أنْ تَفْعَلَ يوْمَ الأحَدِ؟

سمير: الدِّراسةُ في الصَّباحِ، الذَّهابُ إلى السُّوقِ بعْدَ الظُّهْرِ، ومُشاهدةُ التلفزيون في المساءِ! وأنْتِ؟

سارّة: أحِبُّ الإسْتِماعَ إلى الموسيقى وقِراءةَ المَجلاتِ والجَرائدِ.

سمير: هَلْ تُحِبِّينَ الذهابَ الى السِّنما؟

سارّة: لا، أفضِّلُ مُشاهدَةَ الشَّرائط في البيْتِ.

سمير: مع السَّلامة!

	سارّة: إلى اللقاءِ!

التمارين (ملخص الدرس ٥)

Notes	Instructions

أوّلا:

ترجم الجمل التالية إلى الإنغليزية (Translate into English):

- أدْرُسُ في هذه الجامعةِ القريبةِ.

____

- يَقْرأون هذا الكتابَ القَريبَ.

____

- تسْكنون في هذه البِنايةِ القَريبةِ.

____

- يدْرِّسُ في تِلْكَ الكليَّةِ البعيدةِ.

____

- أشْكُرُك شُكْرًا جَزيلاً

____

ثانيا:

ما هو الفعل و الفاعل في كلّ من الجُمل السّابقة

Identify the verb (infinitive form) and the subject in each of the previous sentences

٦. الفِعْلُ > ________ الفاعِلُ > ________

٧. الفِعْلُ > ________ الفاعِلُ > ________

الفِعْلُ > ________ الفاعِلُ > ________

الفِعْلُ > ________ الفاعِلُ > ________

الفِعْلُ > ________ الفاعِلُ > ________

الفِعْلُ > ________ الفاعِلُ > ________

ثالثا:

ترجم الجمل التالية إلى العربية (Translate into Arabic):

١. Do you study a lot?

____

٢. My friend Muna works always

____

٣. I am very tired

____

٤. The weather is very cold

____

٥. She is also Palestinian

____

رابعا: صرّف الأفعال التالية: (Conjugate the following verbs)

الضّمير	دَرَسَ	عَمِلَ	تَكَلَّمَ
انا			
أنتَ			
أنتِ			
هو			
هي			
نحن			
أنتم			
هم			

الشِّعر: أفتغضبون

أفتغضبون !

إذا إدّعيتُ بأنّي أخت القمر !

وجعلتُ من شعري أساطيرا

تخلّد في الأثر

ووصفتُ روحي كالرّوى

تبدو.. وأحيانا تفرّ

لا تغضبوا مني..

فلستُ أنا الذي صاغ القدر !!

حنان فاروق

الدّرس السّادس(١)

السّببية

الملاحظات	الأمثلة
There are a number of ways to express causation in the Arabic language. 1. The first example above uses the Idafa construct and the word [cause] to express causation: I was late because of the weather. 2. The second example expresses the reason behind undertaking certain action: I go to the theater in order to watch movies, or I go to the theater for watching movies. Generally, what follows the preposition [li] is a masdar or in some rare cases a concrete noun. 3. The third example is also expressive of a reason behind an action or an attitude/feeling in answer to the [why] question using [lianna]. This option is usually taken when forming a causal sentence that has at least two clauses, and where the second clause is a full nominative/equational sentence. Note that if the predict and subject in the equational sentence switch position, then you will need to attach the pronoun suffix referring to [he] to the article [liana]. Also keep in mind that if [liana] is used before a full nominative sentence, then the subject of the nominative sentence will become accusative, while the predicate remains nominative (see sentence three).	١)تَأخَّرْتُ في الحُضور بِسَبَبِ الطقْس. ٢)أذهبُ إلى السِّنما لِمشاهدةِ الأفلام. ٣)لا أحِبُّ الصَّيْفَ لأنَّ الجوَّ حارٌّ في ذلك الفصْل. ٤)لا أعْملُ اليَوْمَ لأنَّهُ عِنْدي امْتحانٌ غداً. ٥)أحِبُّ هذه المِنْطقةِ لأنَّها جَميلةٌ جِدًّا.

> Listen to the Dialogue	الحوار:

لماذا؟

سارّة: أهْلا سمير!

سمير: مرْحبا سارّة! كَيْفَ الحال؟

سارّة: الحَمْدُ للّه!وأنْتَ؟

سمير: لا بأس! لماذا تدْرسينَ العَرَبِيَّة يا سارَّة؟

سارّة: أدْرُسُ العَرَبيَّة لأنَّها لُغَةٌ جَميلةٌ. وَأنْتَ، لماذا تَتَعَلَّمُ العَربيَّة؟

سمير: أتَعَلَّمُ العَربيَّةَ لأنّي عَرَبيٌّ أصْلا و لأتكلَّمَ العربيَّة مَعَ أقْربائي عِنْدَما أزورُ مصْرَ.

سارّة: أنا كَذلِكَ أتَعلّمُها لأنَّهُ عِنْدي أصْدقاءُ في تونس.

سمير: هل تَتَكَلَّمينَ مَعَهُمْ الآنَ؟

سارّة: لا! لأنَّهُمْ لا يَتَكَلَّمونَ

	الانْغليزيّة.

التمارين (ملخص الدرس ٦)

Notes	Instructions
	أوّلا: ضع سطرا تحت المصدر ثم ترجم الجمل التالية إلى الإنغليزية :(Underline the Masdar, then translate into English) • صَديقـتي مَشْـغولـةٌ بِالدِّراسَةِ. • يحبُّ خالد السّكنَ في مَدينةِ القاهرةِ. • لا أستطيع تـَذكـُر كلّ هذه الكلماتِ. • هل تحبُّون مُشاهَـدَةُ الأفلامِ العربيّةِ؟ • هل تـَدْرُسينَ للحُصولِ على الدكتوراه؟ ثانيا: ما هو الفعل والفاعل في كلّ من الجُمل السّابقة Identify the verb (infinitive form) and the subject in each of

the previous **verbal** sentences.

١) الفِعلُ < ________ الفاعِلُ < ________

٢) الفِعلُ < ________ الفاعِلُ < ________

٣) الفِعلُ < ________ الفاعِلُ < ________

٤) الفِعلُ < ________ الفاعِلُ < ________

٥) الفِعلُ < ________ الفاعِلُ < ________

ثالثا:

ترجم الجمل التالية إلى العربية (Translate into Arabic):

١) I do not like summer because the climate/weather is hot in it

____

٢) I go to the theater to watch movies

____

٣) I am not working today because I have an exam tomorrow

____

٤) I like this region because it is beautiful.

____

٥) I was late because of the weather

____

رابعا: صرّف الأفعال التالية في المضارع وأكمل الجدول:

(Conjugate the following verb in present tense and complete the table)

لأنَّ + ض. مُتّصِل	الضمير	سَكَنَ	الضَمير
لأنِّــي	انا	أسْـكُـنُ	انا
	أنتَ		أنتَ
	أنتِ		أنتِ
	هو		هو
	هي		هي
	نحن		نحن
	أنتم		أنتم
	هم		هم

خامسا: ما هو مصدر الأفعال التّالية (what are the verbal nouns of the

following verbs):

الفِعْلُ > تخَرَّجَ   المَصدرُ > _____

الفِعْلُ > ذهَبَ   المصْدرُ > _____

الفِعْلُ > حفظ   المَصدرُ > _____

الفِعْلُ > دَرّسَ   المصدرُ > _____

الدّرس السّابع(١)

الجملة الإسميّة: تقديم الخبر

الملاحظات	الأمثلة
Grammarians have argued in two ways regarding the delaying of the subject in a nominative sentence. We have already established that the normal order of an equational sentence in Arabic is to place the subject first, then the predicate. The exceptions are argued as follows: 1. Some have said that if the subject of the nominative sentence is indefinite, then it should be delayed. A quick look at the above examples shows that all subjects of the sentences are indeed indefinite. 2. Others have argued that in prepositional sentences, meaning sentences that begin with a preposition, the subject is what comes after that prepositional phrase which is the predicate. 3. I am more inclined to rely on the first explanation because the second has some exceptions and seem to be more of a descriptive explanation than a theoretical proposition. The third sentence for instance does not begin with a preposition, yet the subject is delayed.	١) لِي كِتابٌ. ٢) عِنْدَها سَيّارَةٌ جَدِيدَةٌ. ٣) هُناكَ جَزائِرِيُّونَ كَثِيرُونَ في كَنَدا. ٤) فِي الْجامِعَةِ طُلابٌ كَثِيرُونَ. ٥) فِي هَذِهِ الْجامِعَةِ طُلابٌ كَثِيرُونَ. ٦) فِي هَذِهِ الْجامِعَةِ كَثِيرٌ مِنَ الطُّلابِ.

> Listen to the Dialogue

الحوار:

مالَك؟

سارّة: أهْلاً سمير!

سمير: مرْحبا سارّة

سارّة: يَبْدُو أنَّكَ حَزِينٌ، مالَكَ؟

سمير: أشْتَقْتُ إلى أسْرَتي!

سارّة: لِمَاذَا لا تُسافِرُ لِزِيارَتِهم؟

سمير: لَيْسَ لي وَقْتٌ ولَيْسَ لي فلوس!

سارّة: .هلْ كُنْتَ في عائِلَةٍ كبيرةٍ؟

سمير: نَعَمْ. لي ٥ إخْوَةٌ وَأخْتان!

سارّة: وَهلْ لكَ أصْدِقاءُ هُنَاك؟.

سمير: نعم. كانَ لي أصْدِقاء وزُمَلاء كثيرونَ

الملاحظات

الدّرس السّابع(٢)

الأسْماءُ المَنْصوبَة

الأمثلة	الملاحظات
١) كُنْتُ مَشْغولا أمْس. ٢) لَيْسَ الطقسُ بارِدًا اليَوْمَ. ٣) كَمْ يَوْمًا في الأسْبوع؟ ٤) لَـها كِتابان. ٥) لَـهُ كِتابٌ واحِدٌ. ٦) عِنْدي خَمْسَةُ كُتُبٍ. ٧) عِنْدي خَمْسُ وَرَقات. __________ __________ __________ __________ __________ __________	Here are some the cases where nouns will be in the accusative: 1. Predicates of nominative sentences become accusative when kana, the special verb that changes the tense of the nominative sentence from present to past, is inserted. 2. Predicates of nominative sentences become accusative when laysa, the special verb that negates an otherwise affirmative nominative sentence, is inserted. 3. Nouns following the word *kam*, which is the prompt the question how much or how many. These nouns must be indefinite, singular, and accusative. While answering the question how many/how much; ordinarily, there is a set of complex rules that would apply. However, at this point of time, you should be aware that when enumerating objects that are more than two and less then eleven, the counted object should be pluralized (i.e. 3 books, 5 books, 10 books). If you are writing down the number, not in digit format, you should be aware that there is the reverse agreement rule that must be honored (see last two examples above). Then there is the dual and the singular, which follow different patterns. You will learn about the remainder of the numbers in the future.

الشِّعر: أيتها الحرّية (جبران خليل جبران)

أيتها الحرية

إسمعينا أيتها الحرية إرحمينا ياإبـــنة

أثينا إرحمينا يا أخت رومة ،خلصينا

يارفيقة موسى ،أسعفينا يا حبيبة أشعيا

علّمينا يا عروس يوحنا ، قوى قلوبنا

لنحيى أو شددى سواعد أعدائنا علينا

فنفنى و ننقـــرض و نســـتريح

الملاحظات

_____

_____

_____

_____

_____

_____

_____

التمارين (ملخص الدرس ٧)

أوّلا:

ضع سطرا تحت **المبتدأ** ثم ترجم الجمل التالية إلى الإنغليزية

(Underline the **subject**, then translate into English):

● في أسرتي خمسة أولاد.

_____

● هل عندك صفٌّ الآنَ؟

_____

● الأساتذة مشغولون كلَّ يومٍ.

_____

● عندها سيّارة قديمة وكبيرة.

_____

● في هذه الصّورة كلُّ أفراد عائلتي

_____

ثانيا:

غيّر الجمل السّابقة من الحاضر إلى الماضي مستعملا "كان":

Change the previous sentences from present to past tense using the proper form

of the verb kana.

(١) _____

(٢) _____

(٣) _____

(٤) _____

(٥) _____

ثالثا:

أجب عن الأسئلة (Answer the questions in Arabic using full sentences):

(١) How many books do you have?

_____

(٢) Do you have a large family?

_____

(٣) How many persons are there in your family? Who are they?

_____

٤) How many languages do you speak?

_____

٥) How many days are there in a week?

_____

رابعا: صرّف الفعل التالي في الماضي وأكمل الجدول:

(Conjugate the following verb in present tense and complete the table)

عند + ض. مُتّصِل	الضّمير	كان	الضّمير
عندي	انا	كُنْتُ	انا
	أنتَ		أنتَ
	أنتِ		أنتِ
	هو		هو
	هي		هي
	نحن		نحن
	أنتم		أنتم
	هم		هم

خامسا: من هي ريما علوان؟

(Write four or five sentences to introduce Rima who spoke in drill 18 of lesson 7: where

is she from, her father, how does she know maha, what does she think of maha...

_____

_____

الدّرس الثامن(١)

الجملة الفعليَّة: الفعل

الملاحظات	الأمثلة
So far, we have been learned how to conjugate verbs in the present tense which is the hardest task, since conjugated verbs in this tense will require the addition of a suffix and a prefix with most pronouns. The past tense is simpler because all that you will need to pay attention to is the suffix. Generally speaking, every Arabic word can be reduced to three radicals known as the root (jithr). Arabic dictionaries are organized based on this information. For example if you want to look the entry for the word (*madrasah*), you should not look under the letter *M*, rather under the letter *D*, and more specifically under the root *D-R-S*. Similarly, Arabic verbs, and Arabic nouns as we will learn later, follow set patterns that are all derived from the alteration/modifications of the root letters using various combinations of short and long vowels, and inserting some letters. Examples: under the pattern *fa`ala* (aka form I verbs), we find verbs like: *kataba*, *darasa*, *rafada*, *`amila*, *shaghala*... Under the pattern *faCCala* (aka Form II verbs), we find verbs like: *darrasa*, *kattaba*, *kassara*...	١)كَتَبَ كِتابًا. ٢)دَرَسْتَ اللّغةَ العَرَبِيّة. ٣)شاهَدُوا مُباراةَ كُرةِ القدمِ. ٤)تَخَرّجْنا مِنْ هَذِهِ الجامِعَةِ. ٥)اسْتَمَعْتُمْ إلى الموسيقى. ٦)قَرَأتُ الجَريدَةَ. ٧)حَفِظْتَ كلَّ الكَلِماتِ. ٨)شاهَدْنا عِشْرينَ فيلمًا __________ __________ __________ __________ __________ __________ __________ __________ __________ __________ __________ __________ __________

> Listen to the Dialogue

الحوار:

ماذا فَعَلْت في العُطْلَةِ؟

سارّة: السَّلامُ عليكمْ!

سمير: وعليْكم السّلام!

سارّة: ماذا فَعَلْتَ في العُطلةِ؟

سمير: ذَهَبْتُ لِزِيَارَةِ أصْدِقَائِي.
وَأنْتِ؟

سارّة: عَمِلْتُ في النّهارِ وشاهَدْتُ
التِّلِفِزْيونَ في اللّيْلِ!

سمير: هَلْ دَرَسْتِ؟

سارّة: قَليلا! كُنْتُ تَعِبَة كُلّ الوَقْتِ
بِسَبَبِ ساعاتِ العَمَلِ الطّويلَةِ! وَأنْتَ،
هَلْ راجَعْتَ؟

سمير: لا. لَكِنْ قَرَأتُ بَعْضَ الكُتُبِ.

سارّة: أنا، لَمْ أقْرأ الكُتُبَ، فَقَطْ قَرَأتُ الجَريدةَ أحْيانًا!

الملاحظات

التمارين (ملخص الدرس ٨)

أوّلا:

ترجم الجمل التالية إلى الإنغليزية

(translate into English):

- نجحتْ أختي في إمتحاناتها.

_____

- دخلتُ المدرسة الإبتدائية وعمري ٦ سنوات.

_____

- عملنا أمس طوال النّهارِ.

_____

- في الحقيقة، أنا ما تكلمتُ معها منذ أسبوعين.

_____

- ما كان الموظفون في المكتبِ يومَ الجمعةِ

_____

ثانيا:

أجب عن الأسئلة (Answer the questions in Arabic using full sentences):

٦) Did you memorize the new words?

____

٧) From which school did you graduate?

____

٨) Where did you work last summer?

____

٩) Did you listen to the radio this morning?

____

١٠) Which book did you read this week?

____

ثالثا: صرّف الفعل التالي في الماضي وأكمل الجدول:

(Conjugate the following verb in present tense and complete the table)

الضّمير	أراد	الكلمة	الجذر
انا	أرَدْتُ	منطقة	ن-ط-ق
أنتَ		متخصّص	
أنتِ		تقدير	
هو		أقارب	
هي		المرحومة	

هي		المرحومة	
نحن		المذاكرة	
أنتم		مراسل	
هم		أديبٌ	

رابعا: أكتب الأرقام التالية:

١	وَاحِـــدٌ	٦	سِتَّـــــــةٌ
٢		٧	
٣		٨	
٤		٩	
٥		١٠	

الدّرس التاسع(١)

الجمع: غيْر العاقِل

الملاحظات	الأمثلة
Here is another overview of the verbal and nominative Arabic sentences with special emphasis now on the non-Human plurals and the order of the sentence. 1. Plurals of objects (non-human) are treated as if they are singular feminine (she); they will thus take the appropriate adjectives, demonstrative articles, and verb conjugation that reflect this consideration. 2. On the other hand, verbs following human plurals will conjugate to agree in number and gender with the subject of the sentence, but if the verb is placed first, then followed by the explicit subject of the sentence which is a plural noun, the verb shall only conjugate to reflect the gender of that subject but not the plurality of it. 3. The Negating verb laysa is used in nominative sentences, besides its effects on the meaning of the sentence (negating an otherwise affirmative statement/question), it also has a grammatical effect and that is; making the predicate of the nominative sentence accusative.	١) قَرَأنا الكُتُبَ المُمْتِعَةَ. ٢) تَعَلّموا هَذِهِ الدُّروسَ الجَديدَةَ. ٣) حَفِظْتُمْ الكَلِماتِ الصَّعْبَةَ. ٤) الواجِباتُ تُساعِدُ عَلَى النَّجاحِ. ٥) تُساعِدُ الواجِباتُ عَلَى النَّجاحِ. ٦) الطلابُ يَدْرُسُونَ كَلَّ يومٍ. ٧) يَدْرُسُ الطلابُ كُلَّ يومٍ. ٨) لَيْسَتْ لَنا سَيّاراتٌ فَخْمَةٌ الأساتِذَةُ لَيْسُوا مَشْغُولينَ. __________ __________ __________ __________ __________

الحوار:	> Listen to the Dialogue

مَتَى؟

سارّة: أهْلا سمير!

سمير: مرْحبًا سارّة

سارّة: مَتَى تَذْهَبُ إِلَى الجَامِعَةِ فِي الصَّبَاحِ يا سَمير؟

سمير: أخْرُجُ مِنْ البَيْتِ في الثّامِنَةِ صَبَاحًا.

سارّة: وَمَتَى تَعُودُ؟

سمير: أعُودُ إِلَى البَيْتِ فِي السّاعَةِ السّادِسَةِ مَسَاءً. وأنْتِ؟

سارّة: أذْهَبُ إِلَى الجامِعَةِ في التّاسِعَةِ وأرْجِعُ إِلَى المَنْزِل فِي الثّالِثَةِ والرُّبُع ثُمّ أذْهَبُ إِلَى العَمَلِ في السّاعَةِ الرّابِعَةِ.

سمير: كُلّ يَوْمٍ؟

سارّة: نَعَمْ، يَوْمِيًّا!

الملاحظات

الشِّعر: فنون الأمم (جبران خليل جبران)

فنون الأمم

فن المصريين فى التكتم

فن الكلدانيين فى العزم

فن الإغريق فى التناسب

فن الرومان فى الصدى

فن الصينيين فى الإحترام

فن الهود فى الخير و الشر

فن اليهود فى النكبة

فن العرب فى الذكرى والمبالغة

فن الفرس فى التأنق

فن الفرنسويين فى الدقة

فن الإنكليز فى المفاخرة والنقد

فن الأسبان فى المادة العارية

فن الإيطاليين فى الجمال

فن الألمان فى الطموح

فن الروس فى الحزن

الدّرس التّاسع(٢)

الأعْدادُ التّرْتيبيَّةُ

الأمثلة	الملاحظات
١)تَبْدَأ حِصّةُ العَرَبيّةُ في السَّاعَةِ التّاسِعَةِ و النّصْفِ. ٢)أنامُ في السّاعَةِ الواحِدَةِ. ٣)لي موْعِدٌ في السّاعَةِ الحادِيَةَ عَشْرَةَ و الرُّبْعِ. ٤)قَرأنا الدّرْسَ الأوّلَ أمْس. ٥)هَلْ فَهِمْتَ الجُمْلَةَ الأولى. ٦)أعُودُ إلَى البَيْتِ في السّادِسَةِ مَساءً. ٧)السّاعَةُ الآنَ الواحدةُ وَالنِّصْفُ.	The ordinal numbers should be treated as adjectives as far as the way they modify nouns. Couple things must be taken into consideration: 1. The ordinal numbers fully agree with the noun they are modifying, that means they should agree in definiteness, gender, plurality, and case ending. 2. Ordinal numbers from 11-19 are always accusative regardless of the case ending of the noun they are modifying. 3. Be aware of the variance in usage of the ordinal number for first, at times it must be al-awaal/al-Ulaa, at other times it is al-waahid/al-waahidah, we will explain this phenomenon later on.
الحوار:	
مَتَى؟ سارّة: أهْلا سمير! سمير: مرْحبًا سارّة سارّة: مَتَى تَذْهَبُ إلَى الجَامِعَةِ فِي الصَّبَاحِ يا سَمير؟ سمير: أخْرُجُ مِنْ البَيْتِ في الثّامِنَةِ صَبَاحًا.	________________ ________________ ________________ ________________ ________________ ________________ ________________ ________________ ________________

سارّة: وَمَتَى تَعُودُ؟

سمير: أعُودُ إلَـى البَيْتِ فِي السّاعَةِ السّادِسَةِ مَسَاءً. وأنْتِ؟

سارّة: أذْهَبُ إلَـى الجامِعَةِ في التّاسِعَةِ وأرْجِعُ إلَـى المَنْزِلِ فِي الثّالِثَةِ وَالرُّبُعِ ثُمَّ أذْهَبُ إلَى العَمَلِ في السّاعَةِ الرّابِعَةِ.

سمير: كُلَّ يَوْمٍ؟

سارّة: نَعَمْ، يَوْمِيّاً!

الملاحظات

الدّرس العاشر (١)

المُضارِعُ المَنْصوبُ

الأمثلة	الملاحظات
١) أريد أنْ أتَعَلَّمَ. ٢) لن أسافِرَ إلى العِراقِ غدًا. ٣) إذَنْ نَكْتُبَ كلَّ الكلماتِ. ٤) أدْرُسُ دائِمًا كَيْ أنْجَحَ. ٥) نُسافِرُ إلَى الشَّرْقِ الأوْسَطِ لِكَيْ نَتَعَرَّفَ عَلَى أصْدِقاء جُدُدٍ. ٦) هَلْ رَجَعَ صَديقُنا فَنُسَلِّمَ عليْهِ؟	The present tense verb is usually nominative unless any of the following articles is used: 1. The articles *ann*, *lan*, *ithan*, or *kay* (see the first four sentences above. 2. Other articles and contexts will cause the present tense verb to be accusative as well. *Hatta* of purpose or goal, the justifying *laam*, conditional aw, and the *fa* of request or negations will cause the present tense verb to be accusative also.

الحوار:	> Listen to the Dialogue
كيْفَ تَطْبَخُ هَذا الطَّعامَ؟ سارّة: أهْلا سَمير! سمير: مرْحبًا سارّة سارّة: هل تَسْتَطيعُ أنْ تطْبُخَ الكُسْكُسي؟ سمير: طبْعًا! قَبْلَ أنْ تَطبخي الكسكسي، مِنَ اللازِم أنْ تُعِدِّي اللّحْمَ وَالخُضَرَ.	____ ____ ____ ____ ____ ____ ____ ____ ____ ____

سارّة: هَل يَمْكِنُكَ أنْ تُساعِدَني؟ سمير: نَعَمْ، سَأطْبُخُ أمامَكِ كَيْ تَتَعَلّمي. سارّة: مُمْتاز! إذَنْ نَفْعَلَ ذلِكَ يَوْمَ السَّبْتِ. سمير: سَأذْهَبُ إلى السّوقِ يَوْمَ الجُمُعَةِ لأشْتَرِيَ ما يَلزَمُنا.	

الملاحظات

الدّرس العاشر (٢)

الضّمائرُ المُتّصلةُ

الأمثلة

١) هذا كِتابٌ مُمْتازٌ، هَلْ قَرَأتَـهُ؟

٢) ساعَدَنِي صَديقي عَلَى الحُصُولِ عَلَى شُقَّةٍ.

٣) تُحِبُّ سامِيَةُ والِدَها كثيرًا، تَتَكَلَّمُ مَعَـهُ كُلَّ أسْبوعٍ.

٤) المَكْتَبَةُ قَريبَةٌ مِنْ بَيْتِنا، نَذْهَبُ إلَيْها كُلَّ يَوْمٍ.

٥) أقارِبي يُحِبُّونَنِي كَثيرًا.

الملاحظات

We have learned how to attach pronoun suffixes to nouns to indicate the special form of *idafa* whereby a pronoun suffix is used instead of a noun to avoid repetition. In this lesson, you will learn how these same pronoun suffixes are attached to verbs. As I mentioned previously, Arabic verbs are of two kinds:

1. Fi`l laazim: a verb that only requires a subject/agent but no direct object.

2. Fi`l muta`addi: requires an object. If the verb requires a direct object, that direct object may be appended directly to the verb in the form of a pronoun suffix as in the first two sentences above. In case the verb requires an indirect object (object mediated by a preposition), then the pronoun suffix will attach itself to the preposition instead (see sentences three and four above).

Notice that when using the first person pronoun suffix, an extra letter (n) is truncated between the conjugated verb and the pronoun suffix. They're many explanations for this but I personally believe that it is used in order to avoid the confusion: notice that without the letter (n) in the second sentence, the combination can mean my arm. So in the absence of a context, that confusion will be a real problem. This letter is then used only with the pronoun suffix for the first person.

الحوار:

> Listen to the Dialogue

كيْفَ تَطْبَخُ هَذا الطَّعامَ؟

سارّة: أهْلا سَمير!

سمير: مرْحبًا سارّة

سارّة: هل اشْتَرَيْتَ كُلَّ شَيْءٍ؟

سمير: طبْعًا!

سارّة: هلْ عنْدَكَ إناءٌ كَبيرٌ؟

سمير: نَعَمْ وَأحْضَرْتُـهُ مَعي كذلِك!

سارّة: مَمْتاز! نَحْتاجُـهُ لإعْدادِ الكسْكسي.

سمير: لِنَبْدَأ إذَنْ!

الدّرس الحادي عشر (١)

جُملةُ الصِّفةُ

الملاحظات	الأمثلة
Adjectival sentences should be easy to understand, the problem usually rises when attempting to translate sentences or ideas from one language to another. It is a good idea then to try to learn these rules in their contexts rather than try to translate them or apply the English language syntax. What students need to remember here is that adjectival sentences are used to describe an indefinite noun. If a sentence contains a definite noun, then an *ism mawsul* will be used instead (we will learn this feature later on). Adjectival sentences can be used in verbal as well as in nominative sentences.	١)لي صَديقٌ يَدْرُسُ في القاهِرَةِ؟ ٢)شاهَدْتُ كُلَّ مُباراةٍ لَعِبوها هَذِهِ السَّنَةِ. ٣)أخْتي مَشْغولَةٌ مَعَ ضُيُوفٍ قَدِموا البارِحَةَ . ٤)أحِبّ قِراءَةَ شِعْرٍ كَتَبَهُ نِزار قَبّاني. ٥)خَطَبَها رَجُلٍ يَسْكُنُ في الجَزائِرِ.
> Listen to the Dialogue	الحوار:

____________ ____________ ____________ ____________ ____________ ____________ ____________ ____________ ____________ ____________ ____________ ____________	زيارَةُ العالَم! سارّة: هل سَتَزورُ كُلَّ عائِلَتِكَ وَأصْدِقائِكَ يا سَمير؟ سمير: هَذا شَيْءٌ أحِبُّ أنْ أفْعَلَهُ، لكِنْ لا أسْتَطيعُ. سارّة: لماذا؟ سمير: لي أصْدِقاءُ يَسْكُنونَ في القاهِرَةِ، وأصْدِقاءُ يَسْكُنونَ في السَّعوديَّةِ، وإخْوَةٌ يَعيشُونَ في

الأرْدُنّ! سارّة: يُمْكِنُكَ أنْ تَزورَ بَعْضَهُمْ هَذِهِ السَّنَة، والسّنَةَ القادِمَةَ تَزورُ فيها مُعْظَمَهُمْ؟	

الملاحظات

الدّرس الحادي عشر (١)

التبعيضُ

الملاحظات	الأمثلة
These special nouns are used in various contexts and in various grammatical syntaxes. The slight grammatical variance may produce a totally different meaning. The best way to learn the usage of these nouns is to learn them in some contextual sentences and to avoid translating ideas between the native language and the target language. Note that generally speaking, these nouns are used in construct (idafa), and sometimes as adjectival phrase (see sentence 9).	١) لا أَحَد يَدرُسُ العَرَبِيَّة في اللَّيلِ. ٢) سَيَزُورُ قَليلٌ مِنَ الطُّلابِ الشَّرْقَ الأَوْسَطَ. ٣) تَكَلَّمْنا مَعَ بَعْضِ الأَساتِذَةِ. ٤) شاهَدْنا عَدَدًا مِنَ الأَفْلامِ العَرَبِيَّةِ. ٥) نَجَحَ كَثيرٌ مِنَ الطُّلابِ هَذِهِ السَّنَةَ. ٦) يَرفُضُ مُعْظَمُ النّاسِ العَمَلَ يَوْمَ الأَحَدِ. ٧) يُريدُ كُلُّ الطُّلابِ أنْ يَنْجَحُوا. ٨) يَسْتَعِدُّ كُلُّ طالِبٍ لِلإمْتِحانِ. ٩) قابَلْتُ المُوَظَّفينَ كُلَّهُمْ. ١٠) قابَلْتُ كُلٍّ مِنَ المُوَظَّفينَ.
> Listen to the Dialogue	الحوار:
_____ _____ _____ _____ _____ _____	زيارَةُ العالَمِ! سارّة: هل سَتَزُورُ كُلَّ عائِلَتِكَ وَأَصْدِقائِكَ يا سَمير؟ سمير: هَذا شَيْئٌ أَحِبُّ أنْ أَفْعَلَهُ،

لكِنْ لا أسْتَطيعُ.

سارّة: لماذا؟

سمير: لي أصْدِقاءُ يَسْكُنونَ في القاهِرَةِ، وأصْدِقاءُ يسْكُنونَ في السَّعوديَّةِ، وإخْوَةٌ يَعيشُونَ في الأرْدُنّ!

سارّة: يُمْكِنُكَ أنْ تَزورَ بَعْضَهُمْ هَذِهِ السّنَةَ، والسّنَةَ القادِمَةَ تَزورُ فيها مُعْظَمَهُمْ؟

الملاحظات

التمارين (ملخص الدرس ١١)

أولا: أجب عن الأسئلة التالية (استعمل جمل مفيدة!):

متى يصحو طارق عادة؟

_____

_____

كم يوما يعمل طارق في الأسبوع؟

_____

_____

ماذا يفعل خالد يوم الإثنين؟

_____

_____

ما هو رأيك في حياة طارق وخالد؟

_____

_____

أين يعمل طارق وأين يعمل خالد؟

_____

_____

هل طارق مثل خالد؟ قارن!
خالد:

_____

_____

_____

_____

_____

طارق:

_____
_____
_____
_____
_____

ثانيا: صرف "انقطع" في المضارع

(أنا) _____ (نحن) _____

(أنتَ) _____ (أنتم) _____

(أنتِ) _____ XXXXXXXX

(هو) _____ (هم) _____

(هي) _____ XXXXXXXXX

ثالثا: أجب بالعربية:

1. Do you know <u>a</u> student who is studying Arabic?

_____

2. Do you enjoy <u>every</u> lecture you attend?

_____

3. How many people watch TV?

4. How many students receive 4.0 in the test?

5. Do you live in <u>an</u> area near a school?

الملاحظات

Additional Dialogues

في القنصلية التّونسية

> Listen to the Dialogue	الحوار
	فريد: أهْـــلا سارّة: مَرْحَبًا فريد: تَـفَضَّـلي، إجلسي! سارّة: شُـكْـرًا! فريد: مَاسْمُـكِ؟ سارّة: اسْـمي سارَّة. فريد: فُـرْصَـةٌ سَـعيدةٌ. وأنا اِسْـمي فَـريد. سارّة: فُـرْصَةَ سعيدة. فريد: من أيْـنَ أنْتِ يا سارّة؟ سارّة: أنا مِنْ "واشنطن". فريد: مِنْ أيَّـةِ مَـدينة في واشنطن؟ سارّة: مِـنْ "سياتل". فريد: ماذا تَـعْمَـلين يا سارّة؟ سارّة: أنا طالِـبة. فريد: طيِّب! متى تَـذْهَـبِـينَ إلى تُونس؟ سارّة: قريـبًا إنْ شاء اللّـه.

	فريد: مَرْحَبًا بِــكِ في تونس. هذه تَأشِــيرةُ الدُّخــول. سارّة: شُــكرًا جَزيــــلا. فريد: مَعَ السّلامَـــــةِ. سارّة: مَعَ السّلامَـــةِ.

المفردات

	Hello!	أهلا	
	Hello!	مرحبا	
	Please (followed by gesture to direct the ...person to sit	تفضلي	فضل
Imperative form (command)	Sit	إجلسي	جلس
	Thank-you	شكرا	شكر
	What	ما	
	Your Name	اسمك	
	Name	اسم	
A female name	Sarah	سارة	
	Opportunity	فرصة	فرص
	Happy	سعيدة	سعد
	Nice meeting you	فرصة سعيدة	
	I	أنا	
	From	من	
	Seattle	سياتل	
A Male name	Farid	فريد	
	Where	أين	
	You	أنت	
	Vocative O!	يا	
	Washington	واشنغطن	
	City	مدينة	
	In	في	

	What	ماذا	
	You (female) work	تعملين	عمل
	Student (female)	طالبة	
	Good/ok	طيب	
	When	متى	
	You (female) go	تذهبين	ذهب
	To	إلى	
	Tunisia	تونس	
	Near	قريب	
More culturally influenced than religion	If God wills	إن شاء الله	
	This (feminine)	هذه	
Entry Visa into a country	Entry Visa	تأشيرة الدخول	
	Thank-you greatly	شكرا جزيلا	
	Good-bye	مع السلامة	

الملاحظات

_____

_____

_____

_____

_____

_____

_____

_____

الحوار الثاني: في الطائرة

> Listen to the Dialogue	**الحوار**
	المُضَيِّف: صَباحُ الْخيْرِ. سارّة: صباحُ النّورِ. المضيّف: مَاذا تُفَضِّلينَ أنْ تَشْـــرَبي الْيَوْمَ؟ سارّة: كَأسَ ماءٍ، مِنْ فَضْـــلِـــكَ. المضيّف: طيِّب. سارّة: كَذلِكَ قَهْوَةٌ، لَوْ سَمَحْتَ. المضيّف: طَبْعًا. بِـالْحَليبِ؟ سارّة: نَعَمْ، قَليلا. وقَليلا مِنَ السُّــكَّرِ كذلك. المضيّف: هَلْ تُحِبِّينَ أنْ تَأكُـــلي شَيْـــئًا؟ سارّة: مَاذا هُناكَ؟ المضيّف: دجاج وبطاطا، كُسْكسي بِلَحْمِ الْخَروفِ... سارّة: شيْئٌ بِدونِ اللّحْمِ؟ المضيّف: سلاطَة، فلافل، خُبْزٌ مَعَ الْـحُمُّص... سارّة: سَلاطة مِنْ فَضْلِـــكَ.

____________ ____________ ____________ ____________ ____________	المضيّف: فاكِهة؟ عِنْدَنا التُّفّاحُ وَالْبُرْتُقالُ و الأجاص... سارّة: تُفّاحةٌ مِنْ فَضْلِــــكَ. المضيّف: طيِّب! سارّة: شُكْرًا! المضيّف: الْعَفْو!

المفردات

	Good morning	صَباحُ الْخَيْر	
	You (f) prefer	تُفَضِّلين	فضل
Subjunctive مضارع منصوب	To Drink	أنْ تَشْـرَبي	شرب
	Glass	كَأس	
	Water	ماء	
	Please	مِنْ فَضْـلِــكَ	
	Also	كَذلِكَ	
	Coffee	قَهْوَةٌ	
Please	If you permit	لَوْ سَمَحْتَ	
	With Milk	بـِالْحَليبِ	
	Yes	نَعَمْ	
	A little	قليلاً	
	Sugar	السُّـكَّر	
	Do	هَلْ	
	You Like	تُحِبِّينَ	حبب
Subjunctive مضارع منصوب	To eat	أنْ تَأكُــلي	
	Anything	شَيْــئًا	
	What is there?	مَاذا هُناكَ؟	
	Chicken	دجاج	
	Potatoes	بطاطا	
Moroccan Grain Dish	Couscous	كُسْكسي	
	Meat of a young lamb	بِلَحْمِ الْخَروفِ	
	Something without	شَيْئٌ بِدون	

	Salad	سلاطة	
	Falafel	فلافل	
	Bread	خُبْزٌ	
	Hummus	الـحُمُّص	
	Fruit	فاكِهة؟	
	We have	عِنْدَنا	
	Apple	التُّفَّاح	
	Orange	البُرْتُقالُ	
	Pears	الأجاص	
	Your Welcome!	العَفْو!	

الحوار الثالث: في المطار

الحوار	> Listen to the Dialogue
عون الجمارك: مَساءُ الْخيْرِ. سارّة: مَساءُ الْخيْرِ. عون الجمارك: مَرْحبًا بِكِ في تونس. سارّة: شُكْرًا! عون الجمارك: الإسْم؟ سارّة: سارّة. عون الجمارك: اللّقَبُ؟ سارّة: "سمِثْ". عون الجمارك: الْجِنْسِيّةُ؟ سارّة: أنا أمْريكيّـةٌ. عون الجمارك: جَوازُ السَّفَرِ مِنْ فَضْلِكِ. سارّة: تَفَضَّلْ. عون الجمارك: لماذا أنْتِ هنا في تُونس؟ سارّة: للسِّياحةِ. عون الجمارك: هل لَـكِ أقارب أوْ أصْدِقاء هنا؟ سارّة: لي صَديقةٌ واحِدةٌ.	______________________

عون الجمارك: أَيْنَ تَسْكُنُ؟ سارّة: في مَدينةِ الْقَيْرَوان. عون الجمارك: مَتى تُغادِرين تونس. سارّة: بَعْدَ شَهْرٍ. عون الجمارك: طَيِّب. وَقْتٌ مُمْتِعٌ وأهْلا بِكِ في تونس. سارّة: شُكْرًا. عون الجمارك: الْعَفْو!	________ ________ ________ ________ ________

المفردات

	عون الجمارك	Custom Officer	
	مَساءُ الْخيْرِ	Good Evening	
	مَرْحبًا بِكِ	Welcome to you (f)	
	تونس	Tunisia	
	الإسْم	Name	
	اللّقَبُ	Surname	
	"سمِثْ"	Smith	
	الْجِنْسِيّةُ	Nationality	
	أمْريكيَّةٌ	American	
	جَوازُ السَّفَرِ	Passport	

	Here! Please sit	تَفَضَّلْ	
	Why	لماذا	
	You (f)	أنْتِ	
	Here	هنا	
	Sightseeing? Tourist	للسِّياحةِ	
	Do	هل	
	You have (f)	لَــكِ	
	Family	أقارب	
	Or	أوْ	
	Friends	أصْدِقاء	
	Here	هنا	
	I have	لي	
	A friend	صَديقةٌ	
	One	واحِدةٌ	
	Where	أيْنَ	
	She lives	تَسْكُنُ	سكن
	City	مَدينةِ	
		القَيْرَوان	
	When	مَتى	
	To depart	تُغادِرين	غدر
	After	بَعْدَ	

	Month	شَهْرٍ	
	A good time	وَقْتٌ مُمْتِعٌ	
	And welcome to you (f)	وَأهْلاً بِكِ	

الحوار الرّابع: في تونس العاصمة

الحوار	> Listen to the Dialogue
سارّة: مَساءُ الْخيرْ. راضية: عسلامة. سارّة: مُمْكِنٌ أنْ تُساعِديني؟ راضية: آشْنُوَّ؟ سارّة: عفواً، أنا لا أتَكَلَّمُ "بالدَّارجة". تَتَكَلَّمين العربيّةَ الْفُصْحَى؟ راضية: نعم. طَبْعًا! سارّة: الحَمْدُ للَّهِ! كَيْفَ أذْهبُ إلى مَحَطَّةِ الحافِلةِ مِنْ هنا؟ راضية: المحطّة بعيدة قليلا من هنا: تذْهبين شَرْقا في هذا الشَّارِع، تذْهبين إلى اليمينِ لَمَّا تَصِلين إلى "نَهج الحُرِّيَّة"، بَعْدَ التَّقاطُع السَّابع تَرَيْنَ حَديقَةً عُمُومِيَّةٌ على اليَسار، المَحَطَّة بعْدَها أمامَ مَرْكَزِ البَريدِ. سارّة: وهل هناك بنْك قريبٌ منْ هنا؟ راضية: "بنك الجَنوب" قريبٌ جِدًّا منْ المَحَطَّةِ. لكِن "البنْك	

القَوميّ التّونُسيّ" بعيدٌ عنْها. سارّة: شكْرًا. راضية: يَبْدُو أنَّهُ لَــكِ حقائِبُ ثَقَـيلَـةٌ وَالْمَحَطّةُ بعيدةٌ، أقْتَرِحُ أنْ تَاخُذي سيَّارةُ أُجْرةٍ (تاكسي) إلى المَحَطَّةِ. سارّة: بِكَمْ؟ هلْ تَعْرفينَ؟ راضية: لا أعْرِفُ بالضَّبط، مُمْكِنٌ حَوالَيْ "دينار." سارّة: شُكْرًا جَزيلا. راضية: العَفْو!	

المفردات

		العاصمة	
In Tunisian	Hello	عسلامة	
	Possible	مُمْــكِـنٌ	
	Help me	تُساعِــديني	سعد
Derja	What	آشْنُوَّ	
	I speak	أتَكَلَّمُ	كلم
	Tunisian Dialect	بالدَّارجة	
	You speak	تَتَكَلَّمين	كلم
	Standard Arabic	الفُصْحَى	
	Praise be to Allah!	الحَمْدُ للّهِ!	
	Station	مَحَطَّة	
	Buss	الحافِلةِ	

	Buss station	مَحَطَّة الحافِلةِ	
	Far away	بعيدة	
	East	شَرْقا	
	Street	الشَّارع	
	right	اليمين	
	When	لَمَّا	
	Reach to?	تَصِلين إلى	
	Freedom avenue	نَهْج الحُرِّيَّة	
	after	بَعْدَ	
	Intersection	التَّقاطُع	
	Seventh	السَّابع	
	You will see	تَرَيْنَ	
	Garden	حَديقة	
	Public	عُمُومِيَّةٌ	
	left	اليَسارِ	
	In front of	أمامَ	
	Center	مَرْكَز	
	Mail	البَريدِ	
	Post office	مَرْكَز البَريدِ	
	Bank	بنْك	
	Near	قريبٌ	
	South bank	بنك الجَنوب	
	National Bank of Tunisia	البنْك القَوميّ التونُسيّ	
	It appears	يَبْدُو أنَّهُ	
	Luggage	حقائِبُ	
	Heavy	ثَقيلة	
	I suggest that	أقْتَرِحُ أنْ	
	You take	تَاخُذي	أخذ
	Taxi cab	سيَّارةُ أُجْرةٍ	
	You know	تَعْرفينَ	عرف
	I know	أعْرِفُ	عرف
	How much	بِكَمْ	
	Exactly	بالضَّبط	
	About,	حَوالَيْ	

	approximately		
Tunisian currency	Dinar	دينار	
	Greatly	جَزيلا	
	Your welcome	العَفْو	

الحوار الخامس: في محطة الحافلات

> Listen to the Dialogue	**الحوار**
	سارّة: مَساءُ الْخيْرِ. الموظّف: مَساءُ الْخيْرِ. سارّة: تَذْكِرةٌ للْقيْرَوان مِنْ فَضْلِك. الموظّف: للقيروان؟ حافلاتنا لا تَذْهّب إلى القيْرَوَان. سارّة: ليْس هُناكَ حافِلاتٌ إلى القَيْرَوَان؟ الموظّف: حافلاتُ الشَّركةِ القَوْميَّةِ. سارّة: كيْفَ أحْصِلُ على تذْكِرة؟ الموظّف: مِنْ النّافذةِ رَقْم خَمْسة. سارّة: أيْنَ النّافذة رَقْم خَمْسة؟ الموظّف: في نِهايَةِ هذا المَمَرِّ، على يسارِكِ، وراءَ المِرْحاض. سارّة: شُكرًا. الموظّف: لا شُكْرَ على وَاجِبٍ! سارّة: مَعَ السَّلامَـــةِ. الموظّف: مَـــــعَ السَّلامَـــةِ.

المفردات

	Ticket	تَذْكِرةٌ	ذكر
	To Kayrawan	لِلْقيْرَوان	
	There is not?	لَيْسَ هُناكَ	
	National firm	الشَّركةِ القَوْميَّةِ	
	I obtain	أَحْصِلُ	حصل
	How	كيْفَ	
	Window	النّافذةِ	
	Number	رَقْم	
	Five	خَمْسة	
	end	نِهايَةِ	
	The hall	المَمَرِّ	
	To your (f) left	يسارِكِ	
	Behind	وراءَ	
	Bathroom	المِرْحاض	
	Necessary	واَجِبٍ	
	With	مَــــــعَ	
	Peace	السَّلامَــــةِ	
	Goodbye	مَــــعَ السَّلامَــــةِ	

الحوار السّادِس: في الحافلة

> Listen to the Dialogue	**الحوار**
	سارّة: مُمْكِن أسْألك سُؤال؟ المسافر: طَبْعا! سارّة: هل القيْرَوان، بعيدة؟ المسافر: لا. تَقْريبًا ٤٠٠ كلم. هي في وسطِ البَلَدِ. سارّة: هل هي كبيرة؟ المسافر: لا، هي مُتوسِّطةُ الحَجْمِ. لكن هي مدينة عَريقةٌ. سارّة: نعم، قَرَأتُ أنَّها مدينةٌ تاريخيَّةٌ. المسافر: نعم، هي كذلك! يَبْدُو أنَّكِ لَسْتِ عربيَّةً، لكن تتكَلَّمينَ الفُصْحى جَيِّدًا! سارّة: شُكْرًا. المسافر: مِنْ أيْنَ أنْتِ؟ سارّة: من أمْريكا. بالمُناسَبَةِ: اسْمي سارّة. المسافر: تَشَرَّفْنا. وأنا نَبيل. سارّة: فُرْصة سعيدة. نبيل: أيْنَ تَعلَّمْتِ اللُّغةَ العربيَةَ؟ سارّة: في الجامِعَةِ.

نبيل: أيْنَ؟
سارّة: في "سياتل."
نبيل: هل أنْتِ مِنْ "سياتل؟"
سارّة: نعم.
نبيل: لي صَديقٌ يَسْكُنُ في "سياتل."
سارّة: صحيح؟ أين في سياتل؟
نبيل: لا أعرف بالضَّبْط. أنا لا أعْرِف سياتل. هل هي كبيرة؟
سارّة: نعم. هي كبيرةٌ وجَميلَةٌ.
نبيل: وكَيْفَ الطَّقْسُ هناك؟
سارّة: الطَّقسُ مُعْتَدِلٌ في الصَّيْفِ وَمُمْطِرٌ في الشِّتاءِ.
... (أتمّ الحوار...)

الملاحظات

خلاصة

النّحو والصّرف

Demonstrative Pronouns

اسم الإشارة				
جمع	مثنى مرفوع منصوب/مجرور		مفرد	
هؤُلاءِ هؤُلاءِ	هذَيْن هاتَيْن	هذان هاتان	هذا هذِهِ	مذكر مؤنث
أولئِكَ أولئِكَ	ذَيْنِكَ تَيْنِكَ	ذانِكَ تانِكَ	ذلِكَ تِلكَ	مذكر مؤنث

Relative Pronouns

اسم الموصول				
جَمع	مثنى منصوب/مجرور	مرفوع	مفرد	
الّذينَ	اللذَيْن	اللذان	الّذي	**مذكر**
اللواتي/اللئي	اللتيْن	اللتان	الّتي	مذكر

إعراب الاسم		
المجرور	المنصوب	المرفوع
Preposition بعد حَرف جَرّ الكلمة الثانية/الأخيرة في الإضافة	Direct object المفعول به Adverb of time/place المفعول فيه اسم (إنّ وأخواتها) خبر (كان وأخوهتها)	المبتدأ الخبر Subject of verb الفاعل خبر إنّ وأخواتها

اسم كان وأخواتها	اسم (ال النافية للجنس) التَمييز المفعول المطق: كيف؟ المفعول لأجله: لماذا؟ اسم الفاعل/المفعول في (الحال)	

الملاحظات

الإعراب: أنواع الأسماء

١- الاسم

الاسم المفرد والجمع العادي			
	المرفوع	المنصوب	المجرور
Definite	ـــُـــ	ـــَـــ	ـــِـــ
Indefinite	ـــٌ	ـــاً	ـــٍ

٢- المثنّى

المثنّى			
	المرفوع	المنصوب	المجرور
	- ان	- ـَيْن	- ـَيْن

٣- جمع المذكّر السالم

جمع المذكّر السالم			
	المرفوع	المنصوب	المجرور
	- ونَ	- ـينَ	- ـينَ

٤- جمع المؤنث السالم

جمع الؤنّث السالم			
	المرفوع	المنصوب	المجرور
Definite	اتُ	اتِ	اتِ
Indefinite	اتٌ	اتٍ	اتٍ

٥- الاسم المنقوص (مفرد)

الاسم المنقوص			
المجرور	المنصوب	المرفوع	
ـي	ـيَ	ـي	Definite
ـٍ	ـياً	ـٍ	Indefinite

٦- المنوع من الصرف* *Indefinite only*

الممنوع من الصرف			
المجرور	المنصوب	المرفوع	
ـَ	ـَ	ـُ	Indefinite

* Broken plurals with 3 or more syllables, adjectives of patterns . (أفْعل) و (فَعْلاء)

الجملة الاسمية

الجملة الاسمية				
الجملة	Subject		Predicate	
الجملة الاسمية	المُبْتَدَأ	مَرفوع	الخَبَر	مَرفوع
كان وأخواتها	اسم (كان)	مَرفوع	خبر (كان)	مَنصوب
كان وأخوابها	اسم (كان)	مَرفوع	خبر (كان)	مَنصوب
أنّ وأخواتها	اسم (إنّ)	مَنصوب	خبر (إنّ)	مَرفوع

كان وأخواتها
كانَ يَكون
أصْبَحَ يُصْبِح
مازالَ لايَزال
صارَ يَصير
ظَلَّ يَظَلّ
لَيْسَ

كان وأخواتها
كانَ يَكون
أصْبَحَ يُصْبِح
مازالَ لايَزال
صارَ يَصير
ظَلَّ يَظَلّ
لَيْسَ

حروف النفي		
الحرف	ماذا ينفي؟	المعنى
ما	الفعل الماضي	نفي الماضي
لا	المضارع المرفوع	نفي المضارع
لن	المضارع المنصوب	نفي المستقبل
لم	المضارع المجزوم	نفي الماضي
ليس	جملة اسمية	Is/are not
غير	صفة (في إضافة)	Not, non-, un-
عَدَم	مصدر (في إضافة)	Non-, lack of
لا النافية للجِنس	اسم مفرد Indefinite منصوب بفتحة واحدة	There is/ are no

ألفعل الناقص

	الوزن	الماضي: هو	الماضي: أنا	المضارع	المصدر	اسم الفاعل
I	فَعِلَ	مَشى	مَشَيْتُ	يَمْشي	المَشْي	ماشٍ
I		دَعا	دَعَوْتُ	يَدعو	الدَّعْوة	داعٍ
I		نَسِيَ	نَسيتُ	يَنْسى	النِسْيان	ناسٍ
II	فَعَّلَ	غَطّى	غَطَّيْتُ	يُغَطّي	التَّغْطِية	مُغَطٍّ
III	فاعَلَ	نادى	نادَيْتُ	يُنادي	المُناداة	مُنادٍ
IV	أَفْعَلَ	أَعْطى	أَعْطَيْتُ	يُعْطي	الإعْطاء	مُعْطٍ
V	تَفَعَّلَ	تَمَنّى	تَمَنَّيتُ	يَتَمَنّى	التَّمَنّي	مُتَمَنٍّ
VI	تَفاعَلَ	تساوى	تَسشوَيْتُ	يَتَساوى	التَّساوي	مُتَساوٍ
VII	اِفْتَعَلَ	اِنْتَهى	اِنْتَهَيْتُ	يَنْتَهي	الاِنْتِهاء	مُنْتَهٍ
X	اِسْتَفْعَلَ	اِسْتَدْعى	اِسْتَدْعَيْتُ	يَسْتَدْعي	الاِسْتِدْعاء	مُسْتَدْعٍ

تصريف الفعل الأجوف

قال

الوزن: فَعَل المصدر: القَوْل

الضمير	الماضي	المضارع المرفوع	المضارع المنصوب	المضارع المجزوم	الأمر
هو	قالَ	يَقولُ	يَقولَ	يَقُلْ	
هما	قالا	يَقولانِ	يَقولا	يَقولا	
هم	قالوا	يَقولونَ	يَقولوا	يَقولوا	
هي	قالَت	تَقولُ	تَقولَ	تَقُلْ	
هما	قالتا	تَقولانِ	تَقولا	تَقولا	
هنّ	قُلْنَ	يَقُلْنَ	يَقُلْنَ	يَقُلْنَ	
أنتَ	قُلْتَ	تَقولُ	تَقولَ	تَقُلْ	قُلْ
أنتما	قُمْتُما	تَقولانِ	تَقولا	تَقولا	قولا
أنتم	قُلْتُم	تَقولونَ	تَقولوا	تَقولوا	قولوا
أنتِ	قُلْتِ	تَقولينَ	تَقولي	تَقولي	قولي
قُلْنَ	قُلْتُما	تَقولانِ	تَقولا	تَقولا	قولا
أنتنّ	قُلْتُنَّ	تَقُلْنَ	تَقُلْنَ	تَقُلْنَ	قُلْنَ
أنا	قُلْتُ	أقولُ	أقولَ	أقُلْ	
نحن	قُلْنا	نَقولُ	نَقولَ	نَقُلْ	

تصريف الفعل المضعَّف

مَرَّ(ب)

الوزن: فَعَل المصدر: الُمرور

الضمير	الماضي	المضارع المرفوع	المضارع المنصوب	المضارع المجزوم	الأمر
هو	مَرَّ	يَمُرُّ	يَمُرَّ	يَمُرَّ	
هما	مَرّا	يَمُرّانَ	يَمُرّا	يَمُرّا	
هم	مَرّوا	يَمُرّونَ	يَمُرّوا	يَمُرّوا	
هي	مَرَّت	تَمُرُّ	تَمُرَّ	تَمُرَّ	
هما	مَرَّتا	تَمُرّان	تَمُرّا	تَمُرّا	
هنّ	مَرَرْن	يَمْرُرْنَ	يَمْرُرْنَ	يَمْرُرْنَ	
أنتَ	مَرَرْتَ	تَمُرُّ	تَمُرَّ	تَمُرَّ	مُرَّ
أنتما	مَرَرْتُم	تَمُرّان	تَمُرّا	تَمُرّا	مُرّا
أنتم	مَرَرْتُم	تَمُرّونَ	تَمُرّوا	تَمُرّوا	مُرّوا
أنتِ	مَرَرْتِ	تَمُرّينَ	تَمُرّي	تَمُرّي	مُرّي
أنتما	مَرَرْتُما	تَمُرّان	تَمُرّا	تَمُرّا	مُرّا
أنتنّ	مَرَرْتُنَّ	تَمْرُرْنَ	تَمْرُرْنَ	تَمْرُرْنَ	أُمْرُرْنَ
أنا	مُرُرْتُ	أمُرُّ	أمُرَّ	أمُرَّ	
نحن	مَرَرْنا	نَمُرُّ	نَمُرَّ	نَمُرَّ	

تصريف الفعل الناقص

أعطى

الوزن: فَعَل المصدر: الإعطاء

الضمير	الماضي	المضارع المرفوع	المضارع المنصوب	المضارع المجزوم	الأمر
هو	أعْطى	يُعْطي	يُعطِيَ	يُعطِ	
هما	أعْطَيا	يُعْطِيانِ	يُعْطِيا	يُعْطِيا	
هم	أعْطَوا	يُعْطونَ	يُعْطوا	يُعْطوا	
هي	أعْطَت	عْطون	عْطوا	عْطوا	
هما	أعْطَتا	تُعْطيانِ	تُعْطيا	تُعْطِ]ا	
هنّ	أعْطَيْنَ	يُعْطينَ	يُعْطينَ	يُعْطينَ	
أنتَ	أعْطَيْتَ	تُعْطي	تُعْطِيَ	تُعْطِ	أعْطِ
أنتما	أعْطَيْتُما	تُعْطِيانِ	تُعْطِيا	تُعْطِيا	أعْطِيا
أنتم	أعْطَيْتُم	تُعْطِيانِ	تُعْطوا	تُعْطوا	أعْطوا
أنتِ	أعْطَيْتِ	تُعْطينَ	تُعْطي	تُعْطي	أعْطي
أنتما	أعْطَيْتُما	تُعْطِيانِ	تُعْطِيا	تُعْطِيا	أعْطِيا
أنتنّ	أعْطَيْتُىنَّ	تُعطينَ	تُعطينَ	تُعْطينَ	أعْطينَ
أنا	أعْطَ	أعْطس	أعْطِيَ	أعْطِ	
نحن	أعْطَينا	نُعْطِيَ	نُعُطِيَ	نُعْطِ	

الفعل المضارع

		الفعل المضارع
المجزوم	المنصوب	المرفوع
Negative النَهْي*imperative* المضارع الذي يجيء بعد: لمْ إنْ (Especially in Standard texts)	المضارع الذي يحيء بعد: أنْ لنْ لـِ ، لِكيْ حتّى(=لـِ)	Default form of المضارع المضارع الذي يجيء بعد: سـ / سوف

الفعل الأجوف

الوزن	الماضي: هو	الماضي: أنا	المضارع	المصدر	اسم الفاعل
فَعُلَ	كانَ	كُنْتُ	يكوْن	الكَوْن	كائِن
	زادَ	زِدْتُ	يَزيد	الزِّيادة	زائِد
	نامَ	نِمْتُ	يَنام	النَّوْم	نائِم
فَعَّلَ	كَوَّنَ	كَوَّنْتُ	يُكَوِّن	التَّكْوين	مُكَوِّن
	مَيَّزَ	مَيَّزْتُ	يُميِّز	التَّمْييز	مُمَيِّز
فاعَلَ	حاوَلَ	حاوَلْتُ	يُحاوِل	المُحالَة	مُحاوِل
أفْعَلَ	أثارَ	أثَرْتُ	يُثير	الإثارة	مُثير
تَفَعَّلَ	تَغيَّرَ	تَغيَّرْتُ	يَتَغيَّر	التَّغيُّر	مُتَغيِّر
تَفاعَلَ	تَجاوَبَ	تَجاوَبْتُ	يَتَجاوَب	التَّجاوُب	مُتَجاوِب
اِنْفَعَلَ	اِنْقادَ	اِنْقَدْتُ	يَنْقاد	الاِنْقِياد	مُنْقاد
اِنْفَعَلَ	اِنْقادَ	اِنْقَدْتُ	يَنْقاد	الاِنْقِياد	مُحتاج
اِفْتَعَلَ	اِحتاجَ	اِحْتَجْتُ	يَحْتاج	الاحْتِياج	مُحتاج
اِسْتَفْعَلَ	اِسْتَفادَ	اِسْتَفَدْتُ	يَسْتَفيد	الاِسْتِفادة	مُسْتَفيد

الفعل المبني للمجهول

الفعل	المبني للمجهول	
	الماضي	المضارع
نَشَرَ	نُشِرَ	يُنْشَر
وَجَدَ	وُجِدَ	يُوجَد
قالَ	قيلَ	يُقال
بَنى	بُنيَ	يُبْنى
أسَّسَ	أسِّسَ	يُؤَسَّس
ساهَدَ	شوهِدَ	يُشاهَد
أنْسَأَ	أنْسَىءَ	يُنْسَأ
أعْطى	أعْطِيَ	يُعْطى
اِعْتَبَرَ	أعْبُيرَ	يعْتَبَر
اِخْتارَ	أخْتيرَ	يُخْتار
اِسْتَخْدَمَ	أسْتُخْدِمَ	يُسْتَخْدَم
تَرْجَمَ	تُرْجِمَ	يُتَرْجَم

الأوزان

من معانى الفعل...	اسم المفعول	اسم الفاعل	المصدر	المضارع	الوزن الماضي	
Neutral (regular) verbs describing actions or feelings like… دَرَسَ, كَـتَـبَ, شَهِـدَ Meaning he studied, he wrote, he witnessed	مَفْعولٌ	فاعِـلٌ	…	يفْعلُ	فعل	I
Causative verbs describing actions or feelings asked--or requested from-- someone else, like… دَرَّسَ, كَـتَّـبَ, شَـهَّـدَ Meaning he made (caused) someone (to) study (teach), he made (caused) someone (to) write, he made (caused) someone (to) witnessed	مُفَـعَّـلٌ	مُفَـعِّـلٌ	تفْـعيـلٌ	يُفَـعِّـلُ	فَـعَّـلَ	II
Verbs describing actions or feelings performed/undertaken by one subject with a sense of non-reciprocity and/or continuity…	مُـفاعَـلٌ	مُـفاعِـلٌ	مفاعلة, فِعالٌ	يُفاعِـلُ	فاعَـل	III

كَـاتَـبَ, شاَهِـدَ, واصل Meaning he wrote to someone even though the other person may not have written back, he watched someone or something while the other person or thing did not do the same (as in watching TV, obviously, people on TV do not watch us back! I hope ☺), he continued (whatever action he was performing)...						
Verbs with coercive meaning or making something possible.. أخْرجَ, أحْـضَـر Meaning he expelled (or exiled) someone or something, he made some one or something become present...	مُفْعَـلٌ	مُفْعِـلٌ	إفْـعالٌ	يُـفْعِـلُ	أفْعَـلَ	IV
Verbs wherein the subject of the verb and the action described by the verb imply to distance one self from something or someone, or to reach a target behavior or status through internal efforts.	مُتَـفَعَّـلٌ	مُتَـفَعِّـلٌ	تَـفَـعُّـلٌ	يَـتَـفَـعَّـلُ	تَـفَـعَّـل	V

تَخَرَّجَ, تَبَرَّأ Meaning he avoided exiting, he distanced oneself from someone or something…						
Verbs wherein two subjects reciprocate in performing the same action (or feeling) described by the verb. تشاهد, تعاون, تراسل Meaning two subject or more watched each other, helped one another, wrote to one another (reflexive of form III)..	مُتَفاعَلٌ	مُتَفاعِلٌ	تفاعُلٌ	يَتَفاعَلُ	تفاعَلَ	VI
Verbs wherein the action described is perceived to have occurred on its own (not caused by outside forces) for example: انْكَسَرَ, انْغلق.. Meaning something broke on its own, something (say a door) closed on its own...	مُنْفَعَلٌ	مُنْفَعِلٌ	انْفِعَالٌ	يَنْفَعِلُ	انْفَعَلَ	VII
Verbs that are in a sense reflexive, that is verbs describing an action that	مُفْتَعَلٌ	مُفْتَعِلٌ	إفْتِعَالٌ	يَفْتَعِلُ	إفْتَعَلَ	VIII

is done by the subject to himself/itself, for example... انْتــقل, اغتسل Meaning he moved himself, he washed himself…						
Generally, these verbs are describing an internal transformation, for example… احْمَرَّ, اخْضَرَّ, اعوجّ Meaning he turned red (say of embarrassment), he/it turned green, he/it became bent…		مُفْعَلٌّ	إفْــعِــلالٌ	يَـفْـعَـلُّ	إفْــعَــلَّ	IX
These verbs are generally used to ask --politely (or with humility) -- for something or someone or to fake the occurrence of some event described by the verb. For example.. استغفر, استحضر.. Meaning he asked for forgiveness, he requested the presence of someone...	مُسْتَفْعَلٌ	مُسْتَفْعِلٌ	اسْتِـفْـعَـالٌ	يَسْتَـفْـعِـلُ	اسْتَـفْـعَـلَ	X

Other Patterns for Verbal Nouns
أوزان أخرى (المصدر)

مصدر المقدار **Quantitative Verbal Nouns**	المصدر الميمي **"*Mimiy*y" Verbal Nouns**	مصدر النوع Qualitative Verbal Nouns	مصدر المرة Periodical Verbal Nouns
These are verbal nouns describing the amount or quantity	These are verbal nouns denoting places and they begin with the letter *mim*, thus their name:	These are verbal nouns describing the manner (kind) of performing the action	These are verbal nouns describing the frequency of performing the action described by the verb. For example:
أكلت لُقْمَة	هذا ملعبٌ	وقف وِقفةَ الأسد	ضربه ضربةً واحدةً
الأوزان: فُعْلَة	الأوزان: مَفْعَل مَفْعِلٌ	الأوزان: فِعْلَة	الأوزان: فَعْلَة

In summary, here are just some 10 derivative nouns and how they are generally used:

فاعل (اسم الفاعل)، مفعول (اسم المفعول)، فعيل (الصفة المشبهة باسم الفاعل)، أفْعَلُ (التفضيل)، مَفْعَل – مِفعَل (اسماء المكان والزمان)، مِفعلة – مفعال (اسم الآلة)، فَعْلَة (مصدر المرة)، فِعلة (مصدر النوع)، والمصدر الأصليّ.

اعراب الجملة العربية

١. الجملة الإسمية هي جملة لا تبدأ بـفِعْلٍ

٢. الجملة الفعليّة هي جملة تبدأ بـفِعْلٍ

● الكتابُ جديدٌ.

هذه جملة إسمية:
الكتاب مبتدأ مرفوع،
جديد خبر مرفوع

● خالد يحبُّ عائلـــتَــــــه.

جملة إسمية:

خالد > مبتدأ مرفوع

يحبُّ عائلـــتَــــه > جملة فعلية تقوم مقام الخبر

المرفوع

يحبُّ عائلـــتَــــه

جملة فعلية:

الفعل> <u>أحبّ</u> (مصرّف في المضارع المرفوع)،

الفاعل> ضمير مستتر تقديره "هو" يعود على خالد،

المفعول به (منصوب) > عائلة،

<u>ـــه</u>> ضمير متّصل مجرور لأنّه في مقام

المضاف إليه.

● دخل الطفلُ البيتَ باكيًا اليومَ.

هذه جملة فعلية:

دخل: فعل ماضي

الطفلُ: فاعل مرفوع

البيتَ: ظرف مكان منصوب

باكيًا: حال منصوب

اليومَ: ظرف زمان منصوب

● كان الطقسُ جميلا يـــومَ أمـــــــسِ.

كان: : فعل ماضي، كان تنصب الخبر (أخوات كان: ليس، أصبح، مازال...)

الطقسُ: اسم كان مرفوع

جميلاً: خبر كان منصوب

يـــومَ أمـــــــسِ: إضافة قائمة مقام ظرف الزّمان

يـــومَ: ظرف زمان منصوب (مضاف)

أمـــــــسِ: مضاف إليْه مجرور

● يعمل المديرونَ اليومَ لإنَّ الموظفـــينَ في عطلـــةٍ.

هذه جملة فعلية:

يعمل: فعل مضارع

المديرونَ: فاعل مرفوع

اليومَ: ظرف زمان منصوب

لإنّ: من أخوات إنّ: تنصب المبتدأ في الجملة الإسمية

الموظفــينَ: إسم لأنّ منصوب

في عطلـةٍ: جارٌّ ومجرور

في: حرف جرّ

عطلـةٍ: إسم مجرور بحرف الجرّ "في"

- لي صديقانِ يسكنانِ في القاهرةِ.

هذه جملة إسميـة:

لي: خبر

صديقانِ: مبتدأ مرفوع

يسكنانِ في القاهرةِ: جملة وصفيّة (تصف اسم نكرة)

في القاهرةِ: جارّ ومجرور

ملاحظة: إذا كانت الجملة الوصفية تصف إسم معرفة، فيجب أن تسبق باسم موصول (الذي، التي، الذين، الذان...)

الملاحظات

About The Author

Dr. Ahmed E. Souaiaia has taught Modern Standard Arabic, some Arabic dialects; in addition to other courses on Human Rights law, Islamic law, and international studies. He has published a number of papers and books, most recently a translation of Professor Kallaf's *Tarikh al-Sulutat al-Thalath (Profiling the Islamic Civilization)*, and authored *Islamic Law & Government* and *The Sociology of Islamic Law* (forth coming).

Audio Recording

A CD with a recording of all the dialogues contained in the book is now available through the Language Learning Center at the University of Washington. Alternatively, you may download the zipped file containing all the dialogues to your computer from the following locations:

http://huquq.com/arabic/supplement/supplement.htm
or:
http://huquq.com/arabic

Using the eBook and the audiofiles simultaneously

If you purchase the electronic version of this book, and would like to use the audio files by clicking on the hotlink next to each dialogue, make sure that all the audio files are saved in a folder immediately next to the file of this book. It will be simple just to save this book in a new folder, then save the folder of the audio files in it. If it does not work, check the link and adjust the name of the folder to mach the link.

Made in the USA
Charleston, SC
31 July 2012